Die schnellsten Rezepte

Die schnellsten Rezepte

30-Minuten-Gerichte für jede Gelegenheit

Bassermann

Inhalt

Blitzschnell mit Ei

Turboschnelles aus dem Ofen

Nudeln machen glücklich

Ruck-zuck mit Fleisch & Geflügel

Flotte Fischgerichte

Inhalt

Suppen in Rekordzeit

Gemüsegerichte für Ungeduldige

Frisch & flink: Salate & Snacks

Schnelles aus der Mikrowelle

Kuchen & Desserts

Die Abkürzungen in diesem Buch

kcal	Kilokalorien
kg	Kilogramm (1 kg = 1000 g)
g	Gramm (1 g = 0,001 kg)
Msp.	Messerspitze (Menge auf der Spitze eines Besteckmessers)
EL	gestrichener Esslöffel
TL	gestrichener Teelöffel
°C	Grad Celsius
l	Liter (1 l = 100 cl = 1000 ml)
dl	Deziliter (1 dl = 0,1 l, »dezi« = lateinisch decimus = zehnter)
cl	Zentiliter (1 cl = 0,01 l, »zenti« = lateinisch centesimus = hundertster)
ml	Milliliter (1 ml = 0,001 l, »milli« = lateinisch millesimus = tausendster)
cm	Zentimeter (1 cm = 0,01 m)
m	Meter (1 m = 100 cm)
ca.	zirka
à	zu je
z. B.	zum Beispiel
TK-	Tiefkühl-
Fett i. Tr.	Fett in Trockenmasse (Angabe des Fettgehalts bei Käse und Quark. Da bei Reife und Lagerung ständig Wasser verdunstet, ist eine absolute Prozentangabe des Fettgehaltes nicht möglich. Der absolute Fettgehalt bei einem Quark mit 20 % Fett i. Tr. beträgt ungefähr 6 %)

Zu den Energie- und Nährwertangaben

Zu jedem Rezept finden Sie die Angaben über die Personenzahl, die Zubereitungszeit, die sich zusammensetzt aus der Arbeitszeit und der Koch- und Backzeit, sowie die Energie- und Nährwerte pro Portion. Da Lebensmittel Naturprodukte sind, können diese Werte nur eine Annäherung sein, denn die Inhaltsstoffe variieren.

Die Richtwerte für die tägliche Energieaufnahme

- Kinder (je nach Alter) zwischen 1000 und 2000 kcal
- Jugendliche circa 2500 kcal (Mädchen) bzw. 3000 kcal (Jungen)
- Erwachsene mit geringer körperlicher Aktivität 2000 kcal bei Frauen bzw. 2500 kcal bei Männern
- Mit steigendem Alter sinkt der Energiebedarf.

Die Richtwerte für die tägliche Nährwertaufnahme

Eiweiß
- Kinder und Jugendliche: 0,9 g Eiweiß (Protein) pro Kilogramm Körpergewicht, das entspricht ca. 13–60 g Protein
- Erwachsene: 0,8 g Protein pro Kilogramm Körpergewicht, das entspricht bei Frauen ca. 48 g, bei Männern ca. 59 g Protein

Fett
Die Richtwerte für die Fettzufuhr werden in Abhängigkeit der gesamten Energiezufuhr angegeben (Energieprozent).
- Kinder und Jugendliche haben wegen ihres Wachstums einen gesteigerten Energiebedarf, ihr Richtwert ist daher gegenüber den Erwachsenen etwas höher, er liegt (je nach Alter) zwischen 35 und 40 Energieprozent.
- Für Erwachsene beträgt der Richtwert 30 % der Energie. Umgerechnet bedeutet dies für Frauen eine tägliche Aufnahme von ca. 60 g Fett (bei einem zugrunde gelegten Energiebedarf von 2000 kcal), für Männer ca. 80 g Fett (bei 2500 kcal).

Kohlenhydrate
Auch die Richtwerte zur Kohlenhydratzufuhr werden als Energieprozent (% der gesamten Energiezufuhr) angegeben. Sie ergeben sich aus dem täglichen Proteinbedarf und den Richtwerten zur Fettzufuhr.
- Kinder sollten höchstens die Hälfte der Energie in Form von Kohlenhydraten aufnehmen.
- Für Erwachsene ergibt sich der Richtwert für Kohlenhydrate mit über 50 Energieprozent. Für Frauen mit einem Energiebedarf von 2000 kcal bedeutet dies eine Aufnahme von mehr als 240 g Kohlenhydrate pro Tag. Männer mit einem Energiebedarf von 2500 kcal sollten mindestens 300 g Kohlenhydrate aufnehmen.

Blitzschnell
mit Ei

Für 4 Personen

Zubereitungszeit: 20 Minuten

Pro Portion: 300 kcal, 23 g Eiweiß, 19 g Fett, 1 g Kohlenhydrate

Friesisches Rührei mit Krabben

3 EL Butter

1 Schalotte, in Würfel geschnitten

200 g ausgelöste **Krabben**

Selleriesalz

schwarzer Pfeffer aus der Mühle

8 Eier

Salz

Schnittlauchröllchen,
fein geschnitten

1 2 EL Butter zerlassen und die in Würfel geschnittene Schalotte darin glasig braten. Die Krabben in die Pfanne geben und unter Schütteln der Pfanne nur eben erhitzen. Leicht mit Selleriesalz und herzhaft mit schwarzem Pfeffer abschmecken.

2 Die Eier mit Salz und Pfeffer mit einem Schneebesen sanft schlagen, bis sich ein ganz feiner Schaum gebildet hat.

3 1 EL Butter bei leichter Hitze schmelzen lassen und die verschlagenen Eier hineingießen. Sowie die Eimasse leicht zu stocken beginnt, mit einem Holzlöffel oder einem Spachtel ständig rühren. Das noch leicht flüssige Rührei mit den Krabben vermischen. Das Rührei von der Kochstelle nehmen und weiterrühren, bis es die gewünschte cremige Konsistenz hat. Mit Schnittlauch bestreuen.

Beilage: Vollkornbrot mit Butter oder Brötchen

Getränkeempfehlung: Ostfriesentee mit Kluntje (Kandis) und Sahne oder ein frisches Pils aus dem Norden

Überbackene Zucchini mit Sesam

750 g Zucchini, in dünne Scheiben geschnitten

Salz

500 g Speisequark (20 % Fett i. Tr.)

3 Eier

4 EL gerösteter Sesam

3 Knoblauchzehen

schwarzer Pfeffer aus der Mühle

frisch geriebene **Muskatnuss**

Fett für die Form

1 Die Zucchini waschen, vom Stengelansatz befreien und auf dem Gurkenhobel in feine Scheiben schneiden. In kochendem Salzwasser 1–2 Minuten blanchieren, eiskalt abschrecken und sehr gut abtropfen lassen.

2 Den Backofen auf 220°C (Umluft 200°C, Gas Stufe 3–4) vorheizen.

3 Den Speisequark mit den Eiern und dem Sesam gut verrühren. Den Knoblauch schälen und dazudrücken. Mit Salz, Pfeffer und Muskat kräftig würzen. Die Zucchinischeiben zufügen und alles mischen.

4 Eine Auflaufform einfetten, die Mischung hineinfüllen und die Oberfläche glatt streichen. Den Auflauf auf der mittleren Schiene des Backofens 20–25 Minuten backen.

Beilage: Naturreis oder Kartoffeln

Getränkeempfehlung: Bier

Zucchini auf einem Gurkenhobel in dünne Scheiben schneiden.

Den Speisequark mit Eiern und geröstetem Sesam gut verrühren.

Zucchinischeiben unter die Quarkmischung heben.

Für 4 Personen

Zubereitungszeit: 15 Minuten

Pro Portion: 165 kcal, 14 g Eiweiß, 12 g Fett, 0 g Kohlenhydrate

Bismarckeier

100 g gekochter Schinken,
in feine Streifen geschnitten

4 Eier

Salz

schwarzer Pfeffer aus der Mühle

4 EL frisch geriebener Parmesan

Butter zum Einfetten
der Förmchen

4 Salatblätter

1 Den gekochten Schinken in feine Streifen schneiden. 4 feuerfeste Förmchen mit Deckel oder 4 Tassen, die später mit Alufolie abgedeckt werden, einfetten.

2 In jedes Förmchen 1 Ei schlagen und mit Salz und Pfeffer würzen. Käse und Schinken miteinander vermischen und auf die Eier streuen.

3 Die Förmchen oder die Tassen zudecken bzw. mit Alufolie fest verschließen. In einem flachen Topf etwas Wasser zum Kochen bringen und die Förmchen hineinstellen. Das oberste Drittel der Förmchen soll aus dem Wasser herausragen. Die Bismarckeier in 10 Minuten stocken lassen.

4 Die Salatblätter auf 4 Tellern anrichten. Auf jedes Salatblatt ein Ei stürzen. Als Vorspeise vor einer leichten Hauptmahlzeit servieren.

Beilage: Toast mit Butter und gemischter Blattsalat mit Schnittlauch

tipp

Für eine Hauptmahlzeit nimmt man das doppelte Rezept
und kann Blattspinat und Kartoffelpüree dazu reichen.

Verlorene Eier auf Spinatbett

1 mittelgroße Zwiebel,
fein gewürfelt

2 EL Butter

600 g tiefgekühlter Blattspinat,
aufgetaut

Salz

weißer Pfeffer aus der Mühle

frisch geriebene Muskatnuss

8 EL Essig

8 Eier

100 g Appenzeller, frisch gerieben

200 g Sahne

1 Die Zwiebel schälen und in kleine Würfel schneiden.

2 Die Hälfte der Butter in einem Topf erhitzen. Die Zwiebelwürfel darin glasig dünsten, den aufgetauten Spinat zufügen und 5 Minuten mitdünsten. Mit Salz, Pfeffer und Muskat kräftig würzen.

3 Den Backofen auf 200°C vorheizen.

4 2 l Wasser in einem breiten Topf aufkochen und den Essig zufügen. Die Eier einzeln in eine Tasse schlagen und nacheinander in das leicht siedende Essigwasser gleiten lassen. Die Eier 3 Minuten garen, mit einer Schaumkelle herausnehmen und gut abtropfen lassen.

5 Eine Auflaufform mit der restlichen Butter einfetten, den Spinat darin verteilen. Mit einem Löffel 8 Mulden drücken und die Eier draufsetzen.

6 Den Käse mit der Sahne verquirlen und auf den Eiern verteilen. Auf der mittleren Schiene des Backofens 10 Minuten gratinieren.

Beilage: Kartoffelpüree oder Salzkartoffeln und gemischter Blattsalat

Getränkeempfehlung: trockener Weißwein aus Baden oder Franken

Für 4 Personen

Zubereitungszeit: 15 Minuten

Pro Portion: 360 kcal, 20 g Eiweiß, 25 g Fett, 15 g Kohlenhydrate

Kräuterrührei mit Käse

8 Eier

Salz

schwarzer Pfeffer
aus der Mühle

2 EL gemischte TK-Kräuter

40 g frisch geriebener Hartkäse,
z. B. mittelalter Gouda

2 TL scharfer Senf

4 EL Butter

**4 Scheiben getoastetes
Bauernbrot**

evtl. 2 – 4 Tomaten,
geachtelt

1 Eier, Salz und Pfeffer in einer Schüssel mit einem Schnee-besen leicht schlagen, bis sich ein leichter Schaum ge-bildet hat. Die Kräuter mit Käse und Senf zu einer Paste vermischen.

2 In einer beschichteten Pfanne 1 EL Butter erwärmen und die Eimasse in die Pfanne geben. Mit einem Holzlöffel rüh-ren, bis die Eimasse zu stocken beginnt. Nach und nach die restliche Butter hinzufügen.

3 Das Rührei weiterrühren, bis es eine cremige Konsistenz hat. Die Kräuterpaste mit dem fertigen Rührei vermischen und dieses auf dem Bauernbrot anrichten. Nach Belieben mit Tomatenachteln garnieren.

Getränkeempfehlung: Bananendickmilch. $^{1}/_{2}$ Banane mit ein wenig Zitronensaft und 150 g Dickmilch oder Naturjoghurt pürieren

Pochierte Eier in Kräutersauce

1 mittelgroße Zwiebel, gewürfelt

1 EL Butter

2 Knoblauchzehen, geschält

$^1/_4$ l Fleischbrühe (aus Extrakt)

200 g Kräuterfrischkäse

1 Bund gemischte Kräuter
oder je 1 Bund glatte Petersilie,
Basilikum, Dill und Schnittlauch,
fein gehackt

$^1/_8$ l Weißweinessig

Salz

Eier

weißer Pfeffer aus der Mühle

frisch geriebene Muskatnuss

2 EL Zitronensaft

1 Die Zwiebel schälen und in kleine Würfel schneiden. Die Butter in einem Topf schmelzen und die Zwiebelwürfel darin glasig dünsten.

2 Den Knoblauch schälen und dazudrücken.

3 Mit der Brühe aufgießen, aufkochen und den Frischkäse zufügen. Unter Rühren köcheln lassen, bis der Käse geschmolzen ist.

4 Die Kräuter abbrausen, trocken tupfen und fein hacken.

5 Etwa 1,5 Liter Wasser mit Salz und dem Essig aufkochen. Die Eier einzeln in eine Tasse schlagen und nacheinander in das Essigwasser gleiten lassen. Bei sehr schwacher Hitze in etwa 5 Minuten gar ziehen lassen.

6 Die Käsesauce mit Salz, Pfeffer, Muskat und Zitronensaft abschmecken, die Kräuter unterrühren.

7 Die Eier mit einer Schaumkelle herausnehmen, auf Teller geben und mit der Sauce übergießen.

Beilage: junge Pellkartoffeln und Blattsalat

Getränkeempfehlung: leichter Weißwein

Für 4 Personen

Zubereitungszeit: 25 Minuten

Pro Portion: 390 kcal, 21g Eiweiß, 31 g Fett, 2 g Kohlenhydrate

Omelett mit Geflügelleber

8 Eier

Salz

schwarzer Pfeffer aus der Mühle

4 Estragonblätter,
fein geschnitten

6 Geflügellebern

6 EL Butter

2 Schalotten,
in Würfel geschnitten

0,1 l (100 ml) Rotwein

4 EL Crème fraîche

1 Eier, Salz und Pfeffer so lange mit einer Gabel verquirlen, bis die Eigelbe und Eiweiße vollständig miteinander vermischt sind. Die Estragonblätter mit einer Schere klein schneiden und zu der Eimasse geben.

2 Die Geflügellebern von Fett und Sehnen befreien und jede Leber in 6 Stückchen schneiden.

3 Von der Butter 2 EL in einer Pfanne erhitzen und die Leber darin von allen Seiten schnell anbraten, sie soll innen noch leicht rosa sein. Mit Salz und Pfeffer würzen. Aus der Pfanne nehmen und warm stellen.

4 Die geschälten Schalotten in feine Würfel schneiden. 2 EL Butter in der Pfanne erhitzen und die Schalottenwürfel darin glasig braten. Den Rotwein hinzufügen und auf die Hälfte einkochen lassen. Die Crème fraîche zu den Schalotten geben und weiterkochen, bis die Sauce eine cremige Konsistenz hat.

5 Die restliche Butter in einer zweiten kleinen Pfanne erhitzen und darin nacheinander 4 kleine Omeletts backen. Auf eine vorgewärmte Platte geben. Die Leberstückchen kurz in der Rotweinsauce erwärmen, auf die Mitte jedes Omeletts die Hälfte der Füllung geben und dieses darüber zusammenfalten. Die Omeletts auf vorgewärmten Tellern anrichten.

Beilage: Feldsalat

tipp

Die Omeletts eignen sich als Vorspeise für 4 Personen, für 2 Personen sind sie eine sättigende Hauptmahlzeit.

Lachsomelett

200 g frisches **Lachsfilet,** püriert

3 Eigelbe

1 EL Mehl

abgeriebene Schale von 1/2 unbehandelten **Zitrone**

1 EL Dill, gehackt

1 EL Noilly Prat (trockener französischer Wermut)

Salz

weißer Pfeffer aus der Mühle

3 Eiweiß

20 g Butter

1 Das Lachsfilet waschen, trocken tupfen und in der Küchenmaschine fein pürieren.

2 Das Fischpüree in eine Schüssel geben und mit Eigelben und Mehl vermischen. Zitronenschale, Dill und Wermut hinzufügen und mit Salz und Pfeffer würzen.

3 Die Eiweiße zu steifem Schnee schlagen und locker unter die Lachsmasse ziehen.

4 Die Hälfte der Butter in einer beschichteten Pfanne erhitzen und die Hälfte der Fischmasse hinein geben. Von einer Seite bei mittlerer Hitze goldgelb braten, dann mit Hilfe eines Deckels vorsichtig wenden und auch die zweite Seite braten. Das zweite Omelett auf die gleiche Weise zubereiten oder parallel mit zwei Pfannen arbeiten.

Beilage: Baguette oder neue Kartoffeln mit Eisbergsalat oder jungem Gemüse

Verwenden Sie für das Lachsomelett möglichst frischen Dill; er ist aromatischer als tiefgekühlter.

Zucchinifrittata mit Sonnenblumenkernen

400 g Zucchini, möglichst kleine Früchte, in Scheiben geschnitten

4 EL Olivenöl

2 EL Sonnenblumenkerne ohne Schale

2 Knoblauchzehen, geschält

1 große Zwiebel, fein gehackt

Salz

schwarzer Pfeffer aus der Mühle

4 Eier

1 Die Zucchini waschen, vom Stängelansatz befreien und in dünne Scheiben schneiden oder auf der Gemüsereibe grob raspeln.

2 Die Hälfte des Olivenöls in einer breiten Pfanne erhitzen. Die Sonnenblumenkerne darin kurz anrösten. Den geschälten Knoblauch durch die Presse dazudrücken, die Zwiebelwürfel und die Zucchinischeiben oder -raspeln untermischen und bei mittlerer Hitze 7 – 8 Minuten dünsten, dabei öfters umrühren. Anschließend salzen, pfeffern und etwas abkühlen lassen.

3 Die Eier in einer Schüssel verquirlen. Die gedünsteten Zucchini untermischen.

4 Das restliche Olivenöl wieder in der Pfanne erhitzen und die Mischung hineingeben. Bei milder Hitze stocken lassen, dabei leicht an der Pfanne rütteln, damit nichts ansetzt. Die Frittata vorsichtig mithilfe eines Tellers wenden und in weiteren 5 Minuten fertig braten.

5 Die Zucchinifrittata aus der Pfanne auf einen Teller gleiten lassen und in Viertel oder Achtel schneiden. Heiß, lauwarm oder kalt servieren.

Die Zucchini mit Knoblauch, Zwiebeln und Sonnenblumenkernen anbraten.

Das gebratene Zucchinigemüse unter die verquirlten Eier mischen.

Beilage: frisches Brot

Getränkeempfehlung: leichter, trockener Weißwein, vorzugsweise Verdicchio

tipp

Würziger schmeckt die Frittata, wenn man statt der Sonnenblumenkerne kleine Salamiwürfel ausbrät, etwa 100 g. Mit einem knackigen Blattsalat hat man ein schönes Abendessen für zwei Personen.

Kartoffel-Champignon-Tortilla

400 g Kartoffeln
(mehlig kochende Sorte)

8 EL Olivenöl, Salz

1 große Zwiebel, fein gehackt

200 g Champignons, in Scheiben
geschnitten

1 Bund Schnittlauch,
klein geschnitten

schwarzer Pfeffer aus der Mühle

frisch geriebene **Muskatnuss**

5 Eier

Schnittlauch zum Bestreuen

1 Die Kartoffeln schälen und waschen.

2 Die Hälfte des Öls in einer Pfanne von 22 cm Durchmesser erhitzen und die Kartoffeln mit dem Gurkenhobel direkt über der Pfanne schneiden.

3 Die Zwiebelwürfel untermischen und unter Wenden bei milder Hitze 1 Minute braten.

4 Die Champignons putzen und blättrig schneiden. Unter die Kartoffeln mischen und mitbraten. Den Schnittlauch zufügen und mit Salz, Pfeffer und Muskat kräftig würzen. Etwas abkühlen lassen.

5 Die Eier in einer Schüssel aufschlagen, gut verquirlen und danach die Kartoffel-Champignon-Mischung zufügen.

6 Das restliche Olivenöl in die Pfanne geben und heiß werden lassen. Die Mischung einfüllen und 10 Minuten braten. Mithilfe eines Tellers wenden und in weiteren 10 Minuten fertig garen.

7 Die Tortilla auf einen Teller gleiten lassen und mit klein geschnittenem Schnittlauch bestreuen. In Tortenstücke schneiden und servieren.

Getränkeempfehlung: trockener Sherry (Fino)

Die rohen Kartoffeln mit einem Gurkenhobel in die Pfanne hobeln.

Mit einem großen Teller die Tortilla wenden.

tipp

Wer es deftiger mag, kann noch ca. 100 g kleine Schinkenwürfel untermischen. Dann ergibt die Tortilla mit einem kleinen Tomatensalat ein wunderbares Abendessen für zwei Personen.

Turboschnelles aus dem
Ofen

Für 4 Personen

Zubereitungszeit: 30 Minuten

Pro Portion: 515 kcal, 12 g Eiweiß, 41 g Fett, 20 g Kohlenhydrate

Chinesische Gemüsetorte

200 g tiefgekühlter **Blätterteig,** aufgetaut

300 g tiefgekühltes **China-Gemüse**

3 Eier

200 g Sahne

2 cl Reiswein oder trockener Sherry (Fino)

1 EL Sojasauce

1 Knoblauchzehe, gehackt

1 Msp. gemahlener **Ingwer**

1/2 TL Curry

Salz

schwarzer Pfeffer aus der Mühle

2 EL Sesamsamen zum Bestreuen

1 Die Blätterteigplatten auftauen lassen.

2 Den Backofen auf 200 °C (Umluft 180 °C, Gas Stufe 3) vorheizen.

3 Die Teigplatten mit etwas Wasser bepinseln, übereinanderlegen und zu einer runden Platte mit einem Durchmesser von 24 cm ausrollen. Boden und Rand einer mit kaltem Wasser ausgespülten Pieform von 20 cm Durchmesser auskleiden.

4 Das tiefgekühlte Gemüse gleichmäßig auf dem Teig verteilen.

5 Eier verquirlen und Sahne, Reiswein oder Sherry und Sojasauce dazugießen. Mit Knoblauch, Ingwer, Curry, Salz und Pfeffer abschmecken, den Eierguss über das Gemüse verteilen und mit Sesam bestreuen.

6 Die Gemüsetorte in 20 Minuten bei 180 °C (Umluft 160 °C, Gas Stufe 2) auf der mittleren Schiene backen. Vor dem Anschneiden 5–10 Minuten ruhen lassen.

Getränkeempfehlung: trockener Sherry (Fino)

tipp

Das Gemüse taut auf und gart, während der Teig backt. Mit einem Glas Sherry bildet diese Torte eine Vorspeise für 6–8 Personen.

Für 4 Personen

Zubereitungszeit: 30 Minuten

Pro Portion: 460 kcal, 19 g Eiweiß, 39 g Fett, 9 g Kohlenhydrate

Gratinierter Sahneporree

800 g Porree, in Stücke geschnitten

Salz

1 EL Butter

weißer Pfeffer aus der Mühle

frisch geriebene **Muskatnuss**

250 g Sahnequark

200 g Sahne

6 EL Gouda, frisch gerieben

3 EL Sonnenblumenkerne

1 Porree putzen, an den Enden abschneiden. Die Stangen längs aufschlitzen und unter fließendem kaltem Wasser gründlich ausspülen.

2 Den Backofen auf 250°C (Umluft 230°C, Gas Stufe 4) vorheizen.

3 Die Porreestangen schräg in 1 cm lange Stücke schneiden. Diese in kochendem Salzwasser 3 Minuten blanchieren, kalt abschrecken und in einem Sieb sehr gut abtropfen lassen.

4 Eine Auflaufform mit Butter ausstreichen. Das Gemüse gleichmäßig hineinfüllen und mit Salz, Pfeffer und Muskat würzen.

5 Den Sahnequark in einer Schüssel mit der Sahne, dem geriebenen Käse und den Sonnenblumenkernen gründlich verrühren. Mit Salz, Pfeffer und Muskat würzen und auf dem Gemüse verteilen. Auf der mittleren Schiene des Backofens in 15 Minuten goldbraun überbacken.

Beilage: Kartoffelpüree mit viel Schnittlauch

Getränkeempfehlung: Weißweinschorle

Für 4 Personen

Zubereitungszeit: 30 Minuten

Pro Portion: 630 kcal, 41 g Eiweiß, 3 g Fett, 66 g Kohlenhydrate

Orientalischer Reisauflauf

¹/₂ l (500 ml) Hühnerbrühe
(aus Extrakt)

250 g Kurzzeitreis

500 g Putenschnitzel,
in feine Streifen geschnitten

2 EL Butter

120 g mittelalter Gouda,
frisch gerieben

4 EL Rosinen

3 EL Mandeln, grob gehackt

Salz

2 EL Curry

1 Prise Kreuzkümmel

schwarzer Pfeffer aus der Mühle

1 kleine Dose Tomaten (400 g)

1 Die Brühe aufkochen und den Kurzzeitreis darin 5 Minuten garen.

2 Die Putenschnitzel in sehr schmale Streifen schneiden. 1 EL Butter in einer Pfanne erhitzen und die Fleischstreifen darin portionsweise anbraten.

3 Den Kurzzeitreis mit dem Fleisch, der Hälfte des Käses, den Rosinen und den gehackten Mandeln mischen. Mit Salz, Curry, Kreuzkümmel und Pfeffer würzen.

4 Den Backofen auf 220°C (Umluft 200°C, Gas Stufe 4) vorheizen.

5 Die Tomaten in einem Sieb abtropfen lassen, grob zerkleinern und dann die Tomaten unter die Reismischung heben.

6 Eine Auflaufform mit der restlichen Butter einfetten. Die Reismasse hineinfüllen und mit dem restlichen Käse bestreuen.

7 Den Auflauf auf der mittleren Schiene des Backofens 15–20 Minuten überbacken, bis der Käse geschmolzen und goldbraun ist.

Beilage: Gurkensalat mit einer Joghurtsauce aus 2 EL Öl, 200 g Naturjoghurt, 3 EL Zitronensaft oder mildem Essig, Dill, Salz und Pfeffer

Getränkeempfehlung: gut gekühlter Apfelmost

Für 4 Personen

Zubereitungszeit: 30 Minuten

Pro Portion: 775 kcal, 36 g Eiweiß, 24 g Fett, 104 g Kohlenhydrate

Tortellinigratin mit Gemüse

500 g Tortellini (Fertigprodukt)

Salz

400 g Zucchini, geraspelt

3 EL Butter

2 Knoblauchzehen

3 Eier

1/8 l (125 ml) Milch

100 g Parmesan, frisch gerieben

schwarzer Pfeffer aus der Mühle

frisch geriebene **Muskatnuss**

1 Die Tortellini in kochendem Salzwasser nach Packungs-anleitung garen. In ein Sieb schütten und gut abtropfen lassen.

2 Inzwischen die Zucchini waschen, vom Stängelansatz befreien und auf der Gemüsereibe oder in der Küchen-maschine mittelfein raspeln.

3 Den Backofen auf 220°C (Umluft 200°C, Gas Stufe 4) vor-heizen.

4 In einer Pfanne 2 EL Butter erhitzen und die Zucchiniraspel darin 5 Minuten bei starker Hitze dünsten. Den Knoblauch schälen, dazudrücken und das Gemüse salzen.

5 Eine Auflaufform mit der restlichen Butter einfetten. Die Zucchiniraspel auf dem Boden verteilen und die Tortellini darauf geben.

6 Die Eier mit der Milch verquirlen, den Parmesan unter-mischen und mit Salz, Pfeffer und Muskat würzen. Diese Mischung gleichmäßig über das Gratin gießen.

7 Auf der mittleren Schiene des Backofens 15 Minuten grati-nieren, bis die Oberfläche goldbraun geworden ist.

Beilage: gemischter Blattsalat

Getränkeempfehlung: italienischer Rotwein

Für 4 Personen

Zubereitungszeit: 30 Minuten

Pro Portion 725 kcal, 38 g Eiweiß, 26 g Fett, 85 g Kohlenhydrate

Spätzle-Lauch-Auflauf

500 g Spätzle (Fertigprodukt)

Salz

2 Stangen Porree (Lauch, ca. 200 g), in feine Ringe geschnitten

schwarzer Pfeffer aus der Mühle

2 EL Butter

200 g dickere Scheiben **gekochter Schinken,** in Streifen geschnitten

150 g Emmentaler, frisch gerieben

1 Die Spätzle in kochendem Salzwasser nach Packungsangabe garen. In einem Sieb abtropfen lassen.

2 Inzwischen die Porreestangen putzen, längs aufschlitzen, waschen und in feine Ringe schneiden.

3 In einer Pfanne 1 EL Butter erhitzen und die Porreeringe darin 3 Minuten dünsten. Salzen und pfeffern.

4 Den Schinken vom Fettrand befreien und in schmale Streifen schneiden. Zu dem Porree geben und unterrühren.

5 Den Backofen auf 200°C (Umluft 180°C, Gas Stufe 3) vorheizen.

6 Eine Auflaufform mit der restlichen Butter einfetten. Die Spätzle abwechselnd mit der Porree-Schinken-Mischung einfüllen und jede Schicht mit Käse bestreuen. Die oberste Schicht soll aus viel Käse bestehen.

7 Den Auflauf auf der mittleren Schiene des Backofens 15 Minuten überbacken.

Beilage: Feld- oder Kopfsalat mit Joghurtdressing

Getränkeempfehlung: Bier oder trockener Weißwein aus Franken

Spinatgratin mit Mozzarella

750 g tiefgekühlter **Blattspinat,** aufgetaut

1 mittelgroße **Zwiebel,** fein gehackt

2 EL Butter

Salz

schwarzer Pfeffer aus der Mühle

frisch geriebene **Muskatnuss**

4 Eier

2 Kugeln Mozzarella (à 150 g)

1 Den Spinat etwas ausdrücken und mit den Zwiebelwürfeln in einem EL Butter 10 Minuten dünsten. Mit Salz, Pfeffer und Muskat würzen. Etwas abkühlen lassen.

2 Die Eier verquirlen und unter den lauwarmen Spinat mischen.

3 Den Backofen auf 200 °C (Umluft 180 °C, Gas Stufe 3) vorheizen.

4 Eine Auflaufform mit der restlichen Butter einfetten. Die Spinat-Eier-Mischung hineinfüllen.

5 Den Mozzarella in Scheiben schneiden und dachziegelartig auf den Spinat legen, pfeffern und salzen.

6 Im Backofen auf der mittleren Schiene 20 Minuten überbacken, bis der Käse geschmolzen ist und die Eier gestockt sind. Gleich heiß aus dem Ofen servieren.

Beilage: Kartoffelpüree

Getränkeempfehlung: trockener Weißwein, z. B. aus Franken

tipp

Sie können zusätzlich ca. 250 g in Streifen geschnittene Mortadella unter den Spinat mischen.

Für 4 Personen

Zubereitungszeit: 30 Minuten

Pro Portion: 800 kcal, 44 g Eiweiß, 63 g Fett, 15 g Kohlenhydrate

Paprika-Mett-Auflauf

800 g rote und grüne **Paprika-schoten,** in Streifen geschnitten

1 große **Zwiebel,**
in Ringe geschnitten

2 EL Öl

500 g Schweinemett

6 EL Semmelbrösel

4 EL Crème double

Salz

schwarzer Pfeffer aus der Mühle

1 TL Paprika, edelsüß

1 Prise Cayennepfeffer

250 g Raclettekäse,
in Würfel geschnitten

evtl. Petersilie, fein geschnitten

1 Die Paprikaschoten vom Kernhaus befreien, waschen und in schmale Streifen schneiden. Die Zwiebel schälen und in Ringe schneiden.

2 Das Öl in einer großen Pfanne erhitzen. Die Paprikascheiben und Zwiebelringe darin andünsten. Mit ¼ l (250 ml) Wasser aufgießen und 8 Minuten schmoren lassen.

3 Mett mit den Semmelbröseln und der Crème double in einer Schüssel vermischen, mit Salz und Pfeffer würzen.

4 Den Backofen auf 225 °C (Umluft 205 °C, Gas Stufe 4) vorheizen.

5 Die Paprika-Zwiebel-Mischung mit Salz, Pfeffer, Paprikapulver und Cayennepfeffer würzen und in eine Auflaufform füllen.

6 Das Mett darauf verteilen.

7 Den Raclettekäse entrinden, in Würfel schneiden und darüber streuen. Den Auflauf auf der mittleren Schiene des Backofens 20 Minuten überbacken. Auf Wunsch mit Petersilie bestreut servieren.

Beilage: Bauernbrot und Blattsalat

Getränkeempfehlung: trockener Rotwein aus Ungarn

Für 4 Personen

Zubereitungszeit: 30 Minuten

Pro Portion: 525 kcal, 21 g Eiweiß, 41 g Fett, 14 g Kohlenhydrate

Fenchelgratin mit zweierlei Käse

1 kg Fenchel, in Scheiben geschnitten

Salz

Fett für die Form

2 cl Anisschnaps (z. B. Pernod)

200 g Crème fraîche

100 g mittelalter Gouda, frisch gerieben

150 g Roquefort

schwarzer Pfeffer aus der Mühle

1 Den Fenchel vom Grün befreien, waschen, längs in schmale Scheiben schneiden. Die Fenchelscheiben in kochendem Salzwasser 3–4 Minuten knackig garen. In einem Sieb gut abtropfen lassen.

2 Den Backofen auf 200°C (Umluft 180°C, Gas Stufe 3) vorheizen.

3 Eine Auflaufform einfetten und die Fenchelscheiben hineinlegen. Mit dem Anisschnaps gleichmäßig beträufeln.

4 Die Crème fraîche mit dem geriebenen Gouda mischen. Den Roquefort dazubröckeln und unterrühren. Mit Pfeffer würzen.

5 Die Käsemischung gleichmäßig auf dem Fenchel verteilen. Auf der mittleren Schiene des Backofens in 15 Minuten goldgelb überbacken. Nach Belieben mit Fenchelgrün bestreuen.

Beilage: Baguette

Getränkeempfehlung: Pils

tipp

Üppiger wird das Gratin, wenn Sie gebratene Streifen von Putenbrust untermischen. Auch Kohlrabi können so zubereitet werden.

Für 4 Personen

Zubereitungszeit: 30 Minuten

Pro Portion: 450 kcal, 25 g Eiweiß, 29 g Fett, 22 g Kohlenhydrate

Sauerkrautauflauf mit Leberwurst

4 Portionen Kartoffelpüree
(Fertigprodukt)

Fett für die Form

500 g Sauerkraut
(offen oder aus der Dose)

300 g frische **Leberwurst** im Darm

100 g Emmentaler,
frisch gerieben

Salz

schwarzer Pfeffer aus der Mühle

1 Das Kartoffelpüree nach Packungsanleitung mit Wasser oder Milch zubereiten.

2 Den Backofen auf 220°C (Umluft 200°C, Gas Stufe 4) vorheizen.

3 Eine Auflaufform einfetten und den Boden mit der Hälfte des Kartoffelpürees bedecken. Die Hälfte des Sauerkrauts darauf verteilen.

4 Die Leberwurst direkt aus dem Darm darauf verteilen und mit Sauerkraut bedecken.

5 Das restliche Kartoffelpüree mit der Hälfte des Käses mischen und als letzte Schicht auf dem Sauerkraut verteilen. Die Oberfläche glatt streichen, mit dem übrigen Käse bestreuen und leicht salzen und pfeffern.

6 Den Auflauf auf der mittleren Schiene des Backofens in 20 Minuten goldgelb backen.

Getränkeempfehlung: Bier oder halbtrockener Riesling

tipp
_____

Der Auflauf schmeckt auch gut, wenn Sie anstelle von Leberwurst Reste von Braten oder angebratenes Hackfleisch verwenden.

Für 4 Personen

Zubereitungszeit: 30 Minuten

Pro Portion: 530 kcal, 5 g Eiweiß, 5 g Fett, 1 g Kohlenhydrate

Schweizer Champignon-Gratin

700 g braune Champignons

2 Knoblauchzehen, geschält

2 EL Butter

2 EL Sojasauce

2 EL Zitronensaft

etwas Salz

schwarzer Pfeffer aus der Mühle

200 g luftgetrockneter Schinken, in dünne Streifen geschnitten

250 g Emmentaler (am Stück), grob gerieben

etwas Fett für die Form

4 EL trockener Weißwein

1 Bund Petersilie

1 Die Champignons putzen und trocken abreiben. Ganz große Exemplare eventuell halbieren. Die Knoblauchzehen schälen. Den Backofen auf 250°C (Umluft 220°C, Gas Stufe 4) vorheizen.

2 Die Butter in einer großen Pfanne zerlassen. Die Champignons darin kurz andünsten. Den Knoblauch dazupressen und alles mit Sojasauce, Zitronensaft, Salz und Pfeffer würzen. Die Pilze 2 – 3 Minuten schmoren lassen und dabei mehrmals umrühren.

3 Die Schinkenscheiben übereinanderlegen und in sehr dünne Streifen schneiden. Diese zu den geschmorten Champignons geben und unterheben. Den Käse entrinden und anschließend grob reiben.

4 Eine Gratinform einfetten. Die Schinken-Pilz-Mischung hineingeben, mit dem Weißwein beträufeln und mit dem Käse bestreuen.

5 Das Gratin im heißen Ofen auf der mittleren Schiene etwa 10 Minuten überbacken, bis der Käse geschmolzen ist. Inzwischen die Petersilie waschen und trocken tupfen. Die Blätter von den Stielen zupfen, fein hacken und vor dem Servieren über das Gratin streuen.

tipp

Wenn Sie die Menge der Zutaten halbieren, ergibt dieses Gratin eine sehr delikate Vorspeise für 4 Personen.

Nudeln
machen glücklich

Für 4 Personen

Zubereitungszeit: 30 Minuten

Pro Portion: 775 kcal, 21 g Eiweiß, 43 g Fett, 69 g Kohlenhydrate

Gabelspaghetti mit Zucchini

400 g Gabelspaghetti

Salz

2 EL Butter

1 große Zwiebel, gehackt

150 g durchwachsener Speck in Scheiben

200 g Zucchini, grob geraspelt

schwarzer Pfeffer aus der Mühle

4 Eier

1 Bund Schnittlauch, klein geschnitten

1 Die Gabelspaghetti in reichlich Salzwasser in 5–7 Minuten al dente kochen und in ein Sieb zum Abtropfen schütten.

2 In der Zwischenzeit die Butter in einer großen Pfanne mit hohem Rand erhitzen und die Zwiebelwürfel darin glasig dünsten. Den Speck ohne Schwarte in schmale Streifen schneiden und in der Zwiebelpfanne ausbraten.

3 Die Zucchini waschen, vom Stängelansatz befreien, gleich über der Pfanne auf der Küchenreibe grob raspeln und 8 Minuten unter Rühren dünsten. Mit Salz und Pfeffer würzen.

4 Die Eier in eine Schüssel schlagen und mit dem Schneebesen verquirlen.

5 Die Gabelspaghetti unter die Zucchiniraspel mischen. Die Eier über die Mischung gießen und bei mittlerer Hitze in 8 – 10 Minuten stocken lassen, öfters umrühren und den Schnittlauch dabei einstreuen.

Beilage: Feldsalat mit Radieschen

Getränkempfehlung: Bier oder herber Apfelcidre

Für 4 Personen

Zubereitungszeit: 25 Minuten

Pro Portion: 905 kcal, 35 g Eiweiß, 40 g Fett, 94 g Kohlenhydrate

Penne mit Erbsen-Sahne-Sauce

500 g Penne

Salz

2 EL Butter

1 Zwiebel, gehackt

300 g tiefgekühlte Erbsen

300 g Sahne

250 gekochter Schinken,
in feine Streifen geschnitten

schwarzer Pfeffer aus der Mühle

1 Prise frisch geriebene
Muskatnuss

1–2 TL Zitronensaft

1 Bund frische Minze

1 Die Penne in reichlich Salzwasser laut Packungsanweisung al dente kochen.

2 In der Zwischenzeit die Butter in einem mittelgroßen Topf erhitzen. Die Zwiebelwürfel darin glasig dünsten. Die Erbsen und die Sahne zufügen und 8–10 Minuten köcheln lassen.

3 Den Schinken in schmale Streifen schneiden, kurz vor Ende der Garzeit in die Sauce mischen. Mit Salz, Pfeffer, Muskat und Zitronensaft kräftig abschmecken. Die Minze abbrausen, die Blättchen von den Stängeln zupfen und in die Sauce streuen.

4 Die Nudeln abgießen und in einer großen Schüssel mit der Sauce mischen.

Beilage: frisch geriebener Parmesankäse, Fenchelsalat mit schwarzen Oliven

Getränkeempfehlung: leichter roter Tischwein

Für 4 Personen

Zubereitungszeit: 30 Minuten

Pro Portion: 735 kcal, 26 g Eiweiß, 34 g Fett, 76 g Kohlenhydrate

Spaghetti mit Tomaten, Basilikum und Mozzarella

400 g **Spaghetti**

40 g **Salz für 4 l Wasser**

5 große, reife **Fleischtomaten**
(1– 1 1/2 kg), in Würfel geschnitten

2 **Schalotten,**
in Würfel geschnitten

1 kleines Stückchen frische,
scharfe **Pfefferschote,** in Streifen
geschnitten

Salz

schwarzer Pfeffer aus der Mühle

6 EL **Olivenöl**

12 frische, große **Basilikumblätter,**
in Streifen geschnitten

200 g **Mozzarella,**
in Würfel geschnitten

1 Die Spaghetti in Salzwasser nach Packungsanweisung al dente kochen.

2 Inzwischen die Tomaten blanchieren, häuten, entkernen und in Würfel schneiden. Die geschälten Schalotten in Würfel schneiden, die entkernte Pfefferschote in feine Streifen. Alles miteinander vermischen, mit Salz und Pfeffer würzen und das Olivenöl hinzugeben sowie das in Streifen geschnittene Basilikum.

3 Mozzarella in 2 cm große Würfel schneiden.

4 Die Spaghetti in ein Sieb schütten und gut abtropfen lassen. In einen Kochtopf geben. Mit den marinierten Tomaten und den Mozzarellawürfeln vermischen. Bei leichter Hitze unter Wenden 2 – 3 Minuten erhitzen, bis der Mozzarella zu schmelzen beginnt.

Getränkeempfehlung: leichter, fruchtiger Rotwein, z. B. Chianti

Für 4 Personen

Zubereitungszeit: 15 Minuten

Pro Portion: 885 kcal, 35 g Eiweiß, 41 g Fett, 83 g Kohlenhydrate

Fusilli mit Schinken-Sahne-Sauce

400 g **Fusilli**

Salz

1 **Zwiebel,** gehackt

2 EL **Öl**

300 g **Tiefkühl-Erbsen**

300 g **Sahne**

250 g **gekochter Schinken**
in Scheiben, in schmale Streifen
geschnitten

Pfeffer, Muskat

1–2 TL **Zitronensaft**

Salz

Minze

geriebener **Parmesan**

1 Die Fusilli in reichlich Salzwasser nach Packungsangabe bissfest garen.

2 Inzwischen für die Sauce die Zwiebel schälen und hacken. Das Öl in einem Topf erhitzen und die Zwiebel darin glasig dünsten, Erbsen und Sahne hinzufügen und alles etwa 8 Minuten köcheln lassen.

3 Während die Sauce köchelt, den gekochten Schinken in schmale Streifen schneiden und kurz vor Ende der Garzeit unter die Erbsen-Sahne-Sauce mischen. Alles mit Salz, Pfeffer, Muskat und Zitronensaft kräftig abschmecken.

4 Die Minze abbrausen, trocken schütteln, die Blättchen abzupfen. Die Nudeln abschütten und abtropfen lassen. Dann zur Sauce geben und untermischen. Dabei die Hälfte der Minzeblättchen zugeben.

5 Das Nudelgericht auf vorgewärmte Teller verteilen, mit den restlichen Minzeblättchen bestreuen und sofort servieren. Dazu geriebenen Parmesan reichen.

Getränkeempfehlung: Italienischer Landwein, eine spritzige Fruchtschorle oder einen Orangen-Minze-Drink aus dem Saft von 2 Orangen (125 ml), 250 ml Milch, 100 g Naturjoghurt, Minzblättchen und ein wenig Zucker

Pappardelle mit Rucola und Parmaschinken

3 **Bund Rucola,** grob gehackt

1 **Zwiebel,** fein gehackt

2 **Knoblauchzehen,** fein gehackt

75 g **Parmesan,** frisch gerieben

50 g **Parmaschinken**

2 **EL Öl**

$^1/_8$ l **Gemüsebrühe**

100 g **Crème fraîche**

Salz, Pfeffer aus der Mühle

400 g **Pappardelle**

1 Rucola waschen und grob hacken. Die Zwiebel und den Knoblauch schälen, beides fein zerkleinern. Den Käse reiben, den Parmaschinken in Streifen schneiden.

2 Das Öl in einem großen Topf erhitzen. Zwiebel und Knoblauch darin glasig braten. Etwa $^2/_3$ des Rucola, die Gemüsebrühe und die Crème fraîche zugeben. Einmal kräftig aufkochen und bei starker Hitze einkochen lassen. Mit Salz und Pfeffer würzen.

3 Inzwischen die Nudeln in reichlich Salzwasser nach Packungsanleitung bissfest kochen. Dann abgießen und gut abtropfen lassen. Sofort mit dem restlichen Rucola, dem Schinken und der Sauce mischen. Auf vorgewärmte Teller verteilen, mit Parmesan bestreuen und servieren.

Getränkeempfehlung: Verdicchio aus Mittelitalien oder eine rote Traubensaftschorle

Für 4 Personen

Zubereitungszeit: 30 Minuten

Pro Portion: 465 kcal, 16 g Eiweiß, 18 g Fett, 54 g Kohlenhydrate

Makkaroni mit buntem Gemüse

100 g Champignons,
in Scheiben geschnitten

100 g Zuckerschoten

2 Tomaten, gewürfelt

1 Zwiebel, fein gehackt

1 Knoblauchzehe, fein gehackt

50 g gekochter Schinken,
in Streifen geschnitten

300 g Makkaroni

Salz

2 EL Öl

¹/₄ l (125 ml) Hühnerbrühe

100 g Mascarpone

Pfeffer aus der Mühle

geriebene **Muskatnuss**

1 EL gehacktes **Basilikum**

1 Die Pilze putzen und in Scheiben schneiden. Die Zucker-schoten waschen und putzen. Die Tomaten mit kochendem Wasser übergießen, abziehen und in Würfel schneiden. Dabei die Stielansätze entfernen. Die Zwiebel und den Knoblauch schälen und fein zerkleinern. Den Schinken in Streifen schneiden.

2 Die Makkaroni in reichlich Salzwasser nach Packungsanlei-tung bissfest kochen. In der Zwischenzeit das Öl in einer großen Pfanne erhitzen, Zwiebel, Knoblauch und Schinken darin glasig braten. Pilze und Zuckerschoten zugeben und kurz mit braten.

3 Tomaten und Brühe untermischen und aufkochen. Den Mascarpone unterrühren und zugedeckt bei schwacher Hitze schmelzen lassen. Das Gemüse mit Salz, Pfeffer und Muskatnuss abschmecken.

4 Die Makkaroni abgießen, abtropfen lassen und sofort mit dem Gemüse mischen. Mit Basilikum bestreuen und gleich servieren.

Getränkeempfehlung: Valpolicella Classico aus Venetien oder eine Mandarinensaftschorle

Anstelle der Zuckerschoten können Sie auch Mais aus der Dose verwenden.

Für 6 Personen

Zubereitungszeit: 30 Minuten

Pro Portion: 370 kcal, 13 g Eiweiß, 12 g Fett, 48 g Kohlenhydrate

Farfalle mit Blumenkohl und Sardellen

1 Blumenkohl (ca. 750 g)
zerkleinert

Salz

400 g Farfalle

1 kleine Zwiebel, fein gehackt

3 Knoblauchzehen, fein gehackt

5 kleine Sardellenfilets,
in Stücke geschnitten

3 Zweige Oregano

3 EL Olivenöl

250 g Tomatenstücke
(Fertigprodukt)

2 EL Butter

grob gemahlener Pfeffer

1 Den Blumenkohl in Röschen teilen, putzen und waschen. In einem großen Topf reichlich Salzwasser zum Kochen bringen. Zuerst die Nudeln zugeben und aufkochen. Dann den Blumenkohl zufügen und erneut aufkochen. Beide Zutaten nach Packungsanleitung der Nudeln bissfest kochen.

2 Inzwischen die Zwiebel und den Knoblauch schälen und fein zerkleinern. Die Sardellenfilets in etwa fingerbreite Stücke schneiden. Den Oregano fein hacken.

3 Das Öl in einer Pfanne erhitzen. Zwiebel und Knoblauch darin glasig braten. Die Sardellen, den Oregano und die Tomatenstücke zugeben, einmal aufkochen.

4 Nudeln und Blumenkohl abgießen, abtropfen lassen und in eine Schüssel geben. Die Sardellenmischung und die Butter dazugeben und alles mischen. Mit grobem Pfeffer abschmecken und sofort servieren.

Getränkeempfehlung: Dazu passt ein Donnafugata aus Sizilien oder eine Pfirsichsaftschorle

tipp

Eingesalzene Sardellenfilets vor Verwendung gründlich wässern.

Bandnudeln mit Erbsen und Garnelen

5 rohe, geschälte **Riesengarnelen,** in Stücke geschnitten

1 Knoblauchzehe, fein gehackt

2 EL Zitronensaft

50 g magerer **gekochter Schinken,** in Streifen geschnitten

1 EL Butter

1 EL Olivenöl

150 g tiefgekühlte **Erbsen**

1 TL Safranfäden

200 ml Fischfond (aus dem Glas) oder Gemüsebrühe

100 g Sahne

Salz, Pfeffer aus der Mühle

geriebene **Muskatnuss**

400 g Fettuccine oder Pappardelle oder andere Bandnudeln

1 EL Petersilie, fein gehackt

1 Die Garnelen kalt abspülen, trocken tupfen und in Stücke schneiden. Knoblauch schälen, fein hacken und mit dem Zitronensaft unter die Garnelenstücke mischen. Den Schinken vom Fettrand befreien und in Streifen schneiden.

2 Die Butter und das Öl in einer Pfanne erhitzen, den Schinken und die Garnelen darin bei schwacher Hitze leicht bräunen, wieder herausnehmen.

3 Die gefrorenen Erbsen, den zerriebenen Safran, Fond oder Brühe und etwa die Hälfte der Sahne in die Pfanne geben. Alles bei starker Hitze 10 Minuten unter Rühren kochen, bis die Sauce dicklich wird. Dabei nach und nach die restliche Sahne zugeben. Schinken und Garnelen untermischen. Mit Salz, Pfeffer und Muskat abschmecken.

4 Inzwischen die Nudeln in reichlich Salzwasser nach Packungsanleitung bissfest kochen. Abtropfen lassen, mit der Erbsen-Schinken-Garnelen-Sauce mischen, mit Petersilie bestreuen und sofort servieren.

Getränkeempfehlung: Pinot bianco aus dem Trentino oder eine leichte Zitronenlimonade. Dafür 1 Zitrone in dünne Scheiben schneiden. Saft von 1 Zitrone und 4–5 EL Zucker mit kochendem Wasser übergießen, 10 Minuten ziehen lassen. Abgießen und kalt stellen. Mit Zitronenscheiben und Eiswürfeln in eine Karaffe geben.

Für 4 Personen

Zubereitungszeit: 20 Minuten

Pro Portion: 520 kcal, 19 g Eiweiß, 24 g Fett, 51 g Kohlenhydrate

Trenette mit Schafskäse

200 g weicher **Schafskäse,**
fein zerbröckelt

1 Knoblauchzehe

1 Handvoll Salbeiblätter,
in feine Streifen geschnitten

300 g Trenette oder Spaghetti

Salz

4 EL Olivenöl

Pfeffer aus der Mühle

1 Den Schafskäse fein zerbröckeln. Den Knoblauch schälen und zerdrücken. Salbeiblätter in feine Streifen schneiden.

2 Die Nudeln in reichlich Salzwasser nach Packungsanleitung bissfest kochen. Inzwischen das Öl in einer großen Pfanne erhitzen. Den Knoblauch und den Salbei darin bei schwacher bis schwächster Hitze dünsten.

3 Die Nudeln abgießen, abtropfen lassen und in der Pfanne mit dem Salbei mischen. Mit reichlich Pfeffer würzen, mit dem Schafskäse mischen und sofort servieren.

Getränkeempfehlung: Gavi aus dem Piemont oder »Pink Pearl«: ¹/₄ l Grapefruitsaft mit 1 TL Zitronensaft und 2 TL Grenadine mischen. Mit Eis servieren.

Gebratene Glasnudeln mit Krabben

200 g Glasnudeln

1 kleiner Chinakohl (250 g), klein geschnitten

3 EL Sojaöl

2 Knoblauchzehen, geschält

4 EL Sojasauce

Pfeffer aus der Mühle

1 TL China-Gewürz

200 g Krabben (geschält, aus Glas oder Dose)

1 Bund Zitronenmelisse

1 Die Glasnudeln mit kochendem Wasser überbrühen und 10 Minuten ziehen lassen. In ein Sieb schütten, sehr gut abtropfen lassen und mit der Küchenschere zerschneiden.

2 Den Chinakohl putzen, vierteln, waschen, gut abtropfen lassen und in sehr feine Streifen schneiden.

3 Das Sojaöl im Wok oder einer breiten Pfanne erhitzen. Den Chinakohl zufügen und 8 Minuten braten. Die Glasnudeln untermischen, Knoblauch schälen, dazupressen und weitere 5 Minuten braten. Mit der Sojasauce, dem Pfeffer und dem Chinagewürz kräftig abschmecken, die Glasnudeln nehmen sehr viel Würze auf.

4 Die Krabben untermischen und 3 Minuten erwärmen.

5 Die Zitronenmelisse abbrausen, von den Stängeln zupfen und unterheben.

Beilage: Champignonsalat mit Vinaigrette

Getränkeempfehlung: trockener Weißwein, z. B. aus Franken oder dem Rheingau

Die Glasnudeln in einen Topf legen und mit kochendem Wasser übergießen.

Die gegarten Glasnudeln abtropfen lassen und mit einer Schere klein schneiden.

Die Nudeln mit dem Pfanneninhalt mischen.

Ruck-zuck mit Fleisch & Geflügel

Für 4 Personen

Zubereitungszeit: 20 Minuten

Pro Portion: 480 kcal, 47 g Eiweiß, 32 g Fett, 1 g Kohlenhydrate

Schweineschnitzel mit Mozzarella

2 EL Butter

2 EL Olivenöl

4 Schweineschnitzel (à 180 g)

Salz

schwarzer Pfeffer aus der Mühle

4 Knoblauchzehen

1 Kugel Mozzarella (150 g),
in Scheiben geschnitten

½ Bund Basilikum

1 Die Butter und 1 EL Olivenöl in einer großen Pfanne erhitzen. Die Schweineschnitzel trocken tupfen und auf jeder Seite gut 2 Minuten braten, salzen und pfeffern.

2 Den Backofen auf 250°C (Umluft 230°C, Gas Stufe 4) vorheizen.

3 Die Schweineschnitzel nebeneinander in eine feuerfeste Form oder auf ein Backblech legen.

4 Die Knoblauchzehen schälen, durch die Presse drücken und auf die Schweineschnitzel streichen. Das Basilikum abzupfen und auf dem Fleisch verteilen, einige Blättchen zum Garnieren beiseite legen. Die Mozzarellakugel in 8 Scheiben schneiden. Die Schnitzel mit je 2 Scheiben Mozzarella bedecken. Salzen, pfeffern und mit dem restlichen Olivenöl beträufeln.

5 Die Schnitzel auf der mittleren Schiene des Backofens 5–8 Minuten überbacken, bis der Käse zu schmelzen beginnt. Herausnehmen und mit den restlichen Basilikumblättchen garnieren.

Beilage: Salat aus Rucola und Kirschtomaten und ofenwarmes Weißbrot

Getränkeempfehlung: frischer, leichter Weißwein, z. B. Galestro oder weißer Rioja

Für 4 Personen

Zubereitungszeit: 30 Minuten

Pro Portion: 590 kcal, 35 g Eiweiß, 20 g Fett, 63 g Kohlenhydrate

Hähnchenpfanne mit Reis und Gemüse

500 g Hähnchenbrustfilet, als Geschnetzeltes geschnitten

1 mittelgroße Zwiebel, fein gehackt

4 Stangen Staudensellerie, in dünne Scheiben geschnitten

250 g Möhren, grob geraspelt

4 EL Butter

300 g Kurzzeitreis

³/₄ l (750 ml) Hühnerbrühe (aus Extrakt)

Salz

schwarzer Pfeffer aus der Mühle

Saft von ¹/₂ Zitrone

1 Bund Schnittlauch, fein geschnitten

1 Die Hähnchenbrustfilets in 1 cm breite Streifen schneiden. Die Zwiebel schälen und fein hacken, Sellerie waschen und in dünne Scheiben schneiden, die Möhren putzen und grob raspeln.

2 Die Hälfte der Butter in einer großen Pfanne schmelzen und das Fleisch darin kräftig anbraten. Herausnehmen und beiseite stellen.

3 Die restliche Butter in die Pfanne geben, erhitzen und die Zwiebelwürfel darin glasig dünsten. Sellerie und Möhren 5 Minuten mitdünsten.

4 Den Reis unter das Gemüse mischen, mit der Hühnerbrühe aufgießen, kräftig salzen und pfeffern und den Zitronensaft zufügen. Alles umrühren, aufkochen und den Reis in 5 Minuten ausquellen lassen.

5 Das Fleisch salzen und pfeffern und unter den Reis heben, den Schnittlauch zufügen und nochmals abschmecken.

Beilage: Endiviensalat oder Radicchio

Getränkeempfehlung: Apfelwein oder Weißwein

Hähnchenkeulen in Pilz-Möhren-Gemüse

3 **Möhren,** gewürfelt

1 **grüne Paprikaschote,**
in Streifen geschnitten

1 **Knoblauchzehe,** gewürfelt

1 **Zwiebel,** gewürfelt

1 **Fleischtomate,**
in Stücke geschnitten

4 **Hähnchenkeulen**

Salz

Pfeffer aus der Mühle

3 EL **Öl**

$^1/_2$ EL **Paprikapulver,** edelsüß

4 Zweige **Majoran**

$^3/_8$ l (375 ml) **Hühnerbrühe**

200 g **Champignons,**
in Scheiben geschnitten

100 g **Sahne**

1 EL **Zitronensaft**

1 Die Möhren putzen, schälen und würfeln. Die Paprikaschote halbieren, putzen, waschen und in Streifen schneiden. Knoblauch und Zwiebel schälen und würfeln. Die Tomate waschen und ohne Stielansatz in Stücke schneiden.

2 Die Hähnchenkeulen waschen, trocken tupfen und mit Salz und Pfeffer bestreuen.

3 Das Öl in einer hohen Pfanne oder einem Schmortopf erhitzen. Die Hähnchenkeulen darin hellbraun anbraten. Knoblauch und Zwiebeln zugeben und 6 – 8 Minuten dünsten. Das Fleisch mit Paprikapulver bestreuen und mehrmals wenden.

4 Dann das vorbereitete Gemüse und den Majoran zugeben und die Brühe dazugießen. Alles zusammen etwa 15 Minuten schmoren. Inzwischen die Pilze putzen und in Scheiben schneiden. Pilze zum Hähnchen geben und weitere 5 Minuten schmoren. Sahne dazugießen. Zum Schluss mit Salz, Pfeffer und Zitronensaft abschmecken.

Getränkeempfehlung: Riesling von der Mosel oder Multivitaminsaftschorle

tipp

Statt $^3/_8$ l Brühe können Sie auch $^1/_4$ l Brühe mit $^1/_8$ l trockenem Weißwein mischen, um die säuerlich pikante Note des Gerichts noch zu unterstreichen.

Für 4 Personen

Zubereitungszeit: 30 Minuten

Pro Portion: 550 kcal, 33 g Eiweiß, 35 g Fett, 25 g Kohlenhydrate

Kasselerkoteletts mit Aprikosen

4 Scheiben Kasseler Koteletts (je 200 g)

Mehl zum Wenden

1 EL Butter

1 EL Öl

16 abgetropfte, feste **Aprikosen** aus der Dose

etwas Zucker

6 EL Aprikosensaft

1 EL Ingwerwurzel, fein geschnitten, **oder ½ TL Ingwerpulver**

1 TL Tomatenmark

4 EL Sahne

1 Die Koteletts trocken tupfen und leicht in Mehl wenden. Die Butter und das Öl in einer Pfanne erhitzen und die Koteletts darin von beiden Seiten in 6–8 Minuten goldbraun braten. Aus der Pfanne nehmen und warm stellen.

2 Die Aprikosenhälften leicht mit Zucker bestreut in der Pfanne kurz anbraten und zu dem Fleisch geben.

3 Das Bratfett mit dem Aprikosensaft aufgießen und Ingwerwurzel oder Ingwerpulver hinzugeben. 5 Minuten leicht köcheln lassen, dann Tomatenmark und Sahne in die Sauce geben. Kurz unter Rühren etwas einkochen lassen.

4 Das Fleisch auf einer vorgewärmten Platte anrichten, mit der Sauce überziehen und mit den Aprikosen garnieren.

Beilage: Kartoffelpüree und junge Erbsen

Getränkeempfehlung: halbtrockener Müller-Thurgau oder Traminer

tipp

Eine leckere Variante ist es auch, die Koteletts mit Kompottpflaumen zuzubereiten.

Für 4 Personen

Zubereitungszeit: 20 Minuten

Pro Portion: 525 kcal, 31 g Eiweiß, 35 g Fett, 5 g Kohlenhydrate

Koteletts in Rotweinsauce

3 EL Öl

4 Schweinekoteletts (à 150 g)

Salz

schwarzer Pfeffer aus der Mühle

1 große Zwiebel, fein gehackt

50 g durchwachsener geräucherter Speck in Scheiben, in Würfel geschnitten

2 TL Mehl

3/8 l (375 ml) trockener **Rotwein**

1 TL Majoran, getrocknet oder frische Majoranblättchen

1 Das Öl in einer großen Pfanne mit hohem Rand erhitzen. Die Schweinekoteletts trocken tupfen und auf jeder Seite etwa 4 Minuten braten. Salzen, pfeffern und aus der Pfanne nehmen. Zugedeckt beiseite stellen.

2 Die Zwiebelwürfel im verbliebenen Fett glasig dünsten.

3 Inzwischen die Speckscheiben von der Schwarte befreien, in kleine Würfel schneiden und zu der Zwiebel in die Pfanne geben. Alles bei mittlerer Hitze 5 Minuten dünsten.

4 Das Mehl darüber stäuben, anschwitzen und mit dem Rotwein ablöschen. Den Majoran einstreuen und 5 Minuten weiter köcheln. Mit wenig Salz und Pfeffer abschmecken. Die Koteletts mitsamt ausgetretenem Fleischsaft kurz in der Sauce erwärmen.

5 Die Schweinekoteletts mit der Sauce auf vorgewärmten Tellern anrichten.

Beilage: Kartoffelpüree oder Knödel aus der Packung und Feldsalat

Getränkeempfehlung: trockener Rotwein, z. B. Chianti Classico

Für 4 Personen

Zubereitungszeit: 30 Minuten

Pro Portion: 420 kcal, 55 g Eiweiß, 18 g Fett, 9 g Kohlenhydrate

Zucchinipfanne mit Putenstreifen

400 g **Putenschnitzel,** in Streifen geschnitten

2 EL **Butterschmalz**

Salz

weißer Pfeffer aus der Mühle

frisch geriebene **Muskatnuss**

600 g **Zucchini**

3 **Knoblauchzehen,** geschält

¼ l **Fleischbrühe (aus Extrakt)**

1 Bund glatte **Petersilie,** gehackt

1 Die Putenschnitzel in schmale Streifen schneiden.

2 Das Butterschmalz in einer breiten Pfanne erhitzen. Die Putenstreifen darin portionsweise kräftig anbraten, salzen, pfeffern, mit Muskat bestreuen und beiseite stellen.

3 Die Zucchini vom Stängelansatz befreien, waschen und mit dem Küchenhobel direkt in die Pfanne in das verbliebene Bratfett hobeln. Kurz andünsten.

4 Die Knoblauchzehen schälen und durch die Knoblauchpresse über die Zucchinischeiben drücken.

5 Mit der Fleischbrühe begießen, aufkochen, salzen, pfeffern und zugedeckt 5 Minuten köcheln lassen.

6 Inzwischen die Petersilie abbrausen, trocken tupfen und grob hacken. Die Putenstreifen unter die Zucchinischeiben heben, den ausgetretenen Fleischsaft zufügen und kurz mitschmoren.

7 Ganz zum Schluss die Petersilie unterheben.

Beilage: Kartoffelpüree

Getränkeempfehlung: trockener Apfelcidre

Anstelle der Putenschnitzel können Sie auch anderes Fleisch verwenden.

Für 4 Personen

Zubereitungszeit: 25 Minuten

Pro Portion: 745 kcal, 23 g Eiweiß, 71 g Fett, 3 g Kohlenhydrate

Lammkoteletts auf Gurkengemüse

1 große Salatgurke, in Scheiben geschnitten

2 EL Butter

2 Knoblauchzehen

Salz

weißer Pfeffer aus der Mühle

6 EL Crème fraîche

1 Bund Dill, fein gehackt

3 EL Olivenöl

8 Lammkoteletts (à 80 g)

2 TL Rosmarin, fein gehackt

1 Die Salatgurke schälen, längs halbieren und die Kerne mit einem Löffel herausschaben. Die Gurkenhälften in sehr schmale Scheiben schneiden.

2 Die Butter in einem Topf erhitzen und die Gurkenscheiben darin 5 Minuten dünsten. Den Knoblauch schälen und dazudrücken. Das Gemüse salzen, pfeffern und die Crème fraîche untermischen. Weitere 5 Minuten dünsten.

3 Inzwischen den Dill abbrausen, trocken tupfen, abzupfen, fein hacken und einstreuen.

4 Das Olivenöl in einer großen Pfanne erhitzen und die Lammkoteletts darin auf jeder Seite 2–3 Minuten braten. Nach dem Wenden salzen, pfeffern und mit den Rosmarinnadeln bestreuen.

5 Das Gurkengemüse mit den Lammkoteletts auf Tellern anrichten.

Getränkeempfehlung: Retsina oder anderer griechischer Weißwein, z. B. Demestica

Die geschälten Gurkenhälften in schmale Scheiben schneiden.

Fein gehackten Dill unter das Gemüse mischen.

Das gedünstete Gurkengemüse mit Pfeffer, Salz, Knoblauch und Crème fraîche abschmecken.

Lammkoteletts in Olivenöl anbraten, danach mit Salz, Pfeffer und Rosmarinnadeln würzen.

Für 4 Personen

Zubereitungszeit: 30 Minuten

Pro Portion: 450 kcal, 36 g Eiweiß, 25 g Fett, 12 g Kohlenhydrate

Hähnchen mit Nüssen und Ingwer

500 g Hähnchenbrustfilet, als Geschnetzeltes geschnitten

1 rote Zwiebel, in Ringe geschnitten

1 Stück frischer Ingwer (ca. 50 g), gehackt

1 Knoblauchzehe, gehackt

2 Eiweiß

2 EL Sojasauce

1 EL Speisestärke

1/8 l (125 ml) Geflügelfond (aus dem Glas)

1 EL Honig

1 EL Reisessig- oder Weißweinessig

2 EL Sherry

6 EL Erdnussöl

100 g Walnusskerne

Salz

1/2 Bund Petersilie, fein geschnitten

1 Hähnchenfleisch kalt abspülen, trocken tupfen, in kurze Streifen schneiden. Die Zwiebel schälen und in dünne Ringe schneiden. Ingwer und Knoblauch schälen und fein hacken.

2 Eiweiß, 1 EL Sojasauce und Speisestärke mit dem Schneebesen gut verschlagen, die Hähnchenstreifen darin wenden. Die restliche Sojasauce, Geflügelfond, Honig, Essig und Sherry verrühren.

3 Das Öl in einer hohen Pfanne oder im Wok erhitzen. Das Fleisch portionsweise etwa 3 Minuten darin braten, herausnehmen und auf Küchenpapier abtropfen lassen. Die Walnusskerne 1 1/2 Minuten im Öl braten und mit einem Schaumlöffel herausheben.

4 Zwiebel, Ingwer und Knoblauch im verbliebenen heißen Öl in Wok oder Pfanne unter Rühren 1 Minute braten. Fleisch und Nüsse zugeben und untermischen. Angerührten Geflügelfond zugießen und aufkochen. Alles mit etwas Salz abschmecken und mit Petersilie garnieren.

Beilage: Reis oder Glasnudeln

Getränkeempfehlung: Grüner Tee, Jasmintee, Reiswein oder Ingwereistee oder -limonade

Für 4 Personen

Zubereitungszeit: 30 Minuten

Pro Portion: 840 kcal, 39 g Eiweiß, 73 g Fett, 7 g Kohlenhydrate

Lammragout mit Mandeln und Minze

750 g Lammfleisch aus der Keule oder dem Rücken, geschnetzelt

3 EL Butterschmalz

1 große Zwiebel, fein gehackt

Saft und Schale von 1 unbehandelten Zitrone

150 g Mandeln, fein gemahlen

200 g Sahne

0,25 l (250 ml) Lammfond (aus dem Glas)

Salz

weißer Pfeffer aus der Mühle

1 Prise Kreuzkümmel

1 TL Ingwerwurzel, fein gehackt

1 Bund frische Minze

1 Das Fleisch waschen, trocken tupfen und erst in Scheiben, dann in schmale Streifen schneiden. Das Butterschmalz in einem breiten Topf erhitzen und die Fleischstreifen darin portionsweise anbraten. Herausnehmen und zugedeckt beiseite stellen.

2 Die Zwiebelwürfel im verbliebenen Bratfett glasig dünsten. Zitronensaft und -schale zufügen und kurz aufkochen. Die gemahlenen Mandeln unterrühren und kurz mitdünsten. Mit der Sahne und dem Lammfond aufgießen. Aufkochen.

3 Die Fleischstreifen wieder zufügen und alles mit Salz, Pfeffer, Kümmel und Ingwer würzen. Bei schwacher Hitze 15 Minuten köcheln lassen.

4 Inzwischen die Minze abbrausen, trocken tupfen, die Blättchen abzupfen und unter das Lammragout mischen.

Beilage: Fladenbrot oder Curryreis mit Rosinen und Blattsalat

Getränkeempfehlung: kräftiger Rotwein

Für 4 Personen

Zubereitungszeit: 30 Minuten

Pro Portion: 345 kcal, 34 g Eiweiß, 16 g Fett, 8 g Kohlenhydrate

Hühnerleberpfanne mit Äpfeln und Zwiebeln

600 g Hühnerleber

4 EL Butter

2 mittelgroße **Zwiebeln,**
in Scheiben geschnitten

2 Äpfel (Boskop),
in Spalten geschnitten

3 cl (30 ml) Calvados

1 Zweig oder 2 TL getrockneter
Majoran

Salz

schwarzer Pfeffer aus der Mühle

1 Hühnerleber von anhaftenden Häutchen und Fettstückchen befreien und in die natürlichen Hälften teilen.

2 Die Butter in einer großen Pfanne erhitzen und die Geflügelleber darin bei starker Hitze 3 Minuten unter Rühren anbraten. Herausnehmen und zugedeckt beiseite stellen.

3 Die Zwiebeln schälen, in ganz feine Ringe hobeln oder schneiden und im verbliebenen Bratfett dünsten.

4 Die Äpfel waschen, trocken reiben, vierteln, vom Kernhaus befreien und in sehr schmale Spalten schneiden. Mit den Zwiebelringen 5 Minuten dünsten. Calvados dazugießen, den Majoran zufügen, salzen und pfeffern.

5 Hühnerleber untermischen und zugedeckt bei milder Hitze 8 Minuten ziehen lassen.

Beilage: ofenwarmes Baguette

Getränkeempfehlung: Bier, Apfelwein oder Sie mischen pro Glas ¹/₈ l Orangensaft mit 2 TL Grenadine, Salz und 1 Prise Cayennepfeffer – gut umrühren.

Kalbsleber in Portweinrahm

750 g Kalbsleber

2 EL Mehl

3 EL Butterschmalz

3 Schalotten, fein gehackt

¹/₂ l (250 ml) Portwein

250 g Crème double

Salz

weißer Pfeffer aus der Mühle

¹/₄ TL getrockneter Majoran

2 TL Zitronensaft

1 Handvoll Kerbel

1 Die Kalbsleber von Häutchen und Sehnen befreien und in fingerdicke Streifen schneiden.

2 Das Mehl auf einen Teller schütten und die Leberstreifen darin wenden.

3 Das Butterschmalz in einer großen Pfanne mit hohem Rand erhitzen und die Leberstreifen darin portionsweise kräftig anbraten. Das Fleisch herausnehmen und zugedeckt beiseite stellen.

4 Die Schalottenwürfel in dem verbliebenen Bratfett glasig dünsten. Mit dem Portwein ablöschen und um die Hälfte einkochen lassen.

5 Die Crème double unterrühren und in der offenen Pfanne 8 Minuten köcheln, bis die Sauce cremig ist. Zum Schluss die Sauce mit Salz, Pfeffer, Majoran und Zitronensaft abschmecken.

6 Die Leberstreifen untermischen und 2 – 3 Minuten in der Sauce erwärmen.

7 Inzwischen den Kerbel abbrausen, trocken tupfen, von den Stielen befreien und vor dem Servieren unter die Leber mischen.

Beilage: Kartoffelpüree

Getränkeempfehlung: leichter, trockener Weißwein, z. B. Grüner Veltliner

Für 4 Personen

Zubereitungszeit: 30 Minuten

Pro Portion: 295 kcal, 33 g Eiweiß, 12 g Fett, 6 g Kohlenhydrate

Asiatische Hühnerpfanne aus dem Wok

500 g Hühnerfleisch ohne Haut und Knochen, geschnetzelt

2 EL Speisestärke

Salz

weißer Pfeffer aus der Mühle

1 Stück Ingwerwurzel (ca. 2 cm), fein gehackt

2 Knoblauchzehen, fein gehackt

1 Bund Frühlingszwiebeln, in Ringe geschnitten

150 g Sojasprossen, frisch oder aus dem Glas

4 EL Sojaöl

6 cl (60 ml) trockener Sherry (Fino)

6 EL Sojasauce

1 Das Hühnerfleisch in schmale Streifen schneiden, Speisestärke darüber stäuben und fest einmassieren.

2 Ingwerwurzel und Knoblauchzehen schälen und sehr fein hacken. Die Frühlingszwiebeln putzen, waschen und in feine Ringe schneiden. Die Sojasprossen abbrausen oder abtropfen lassen.

3 Das Sojaöl in einem Wok oder einer breiten Pfanne erhitzen. Das Hühnerfleisch darin rundum kräftig anbraten und herausnehmen.

4 Ingwerwurzel, Knoblauch, Frühlingszwiebeln und Sojasprossen im verbliebenen Sojaöl unter Rühren 8 Minuten dünsten. Sherry und Sojasauce untermischen, einmal aufkochen, salzen, pfeffern und die Hühnerstreifen einrühren.

Beilage: Reis oder Glasnudeln

Getränkeempfehlung: grüner Tee, wenn es ganz original sein soll

Für 4 Personen

Zubereitungszeit: 30 Minuten

Pro Portion: 340 kcal, 48 g Eiweiß, 11 g Fett, 6 g Kohlenhydrate

Putencurry mit Mandelstiften

750 g Putenschnitzel,
geschnetzelt

2 EL Butterschmalz

1 mittelgroße Zwiebel,
fein gehackt

2 Knoblauchzehen

Salz

weißer Pfeffer aus der Mühle

2 EL Curry

½ TL Kreuzkümmel,
gemahlen

1 Packung Tomatenstückchen
(500 g)

¼ l (250 ml) Hühnerbrühe
(aus Extrakt)

Saft ½ Zitrone

1 Bund Petersilie,
mittelfein gehackt

3 EL Mandelstifte

1 Die Putenschnitzel längs halbieren, dann in fingerbreite Streifen schneiden.

2 Das Butterschmalz in einem breiten Topf erhitzen und die Putenstreifen darin bei starker Hitze portionsweise kräftig anbraten. Herausnehmen und beiseite stellen.

3 Die Zwiebel im verbliebenen Bratfett glasig dünsten, die Knoblauchzehen dazupressen. Salzen und pfeffern, mit Curry bestäuben und den Kreuzkümmel untermischen und anschwitzen. Die Tomatenstückchen und die Hühnerbrühe dazugießen, aufkochen und 10 Minuten im offenen Topf köcheln lassen.

4 Putenstreifen samt ausgetretenem Saft unter die Sauce mischen. Den Zitronensaft, die Hälfte der Petersilie und die Mandelstifte einrühren. Weitere 5 Minuten köcheln, nochmals abschmecken und mit der restlichen Petersilie bestreuen.

Beilage: Reis oder Kartoffelpüree

Getränkeempfehlung: voller, trockener Weißwein, z. B. Badischer Grauburgunder

Wer auf Fleisch verzichten möchte, kann gekochte, in Würfel geschnittene Kartoffeln untermischen.

Für 4 Personen

Zubereitungszeit: 25 Minuten

Pro Portion: 485 kcal, 46 g Eiweiß, 31 g Fett, 6 g Kohlenhydrate

Schweineschnitzel in Parmesanhülle

4 EL Semmelbrösel

4 EL Parmesan, frisch gerieben

1 Ei

4 dünne Schweineschnitzel (à 180 g)

Salz

schwarzer Pfeffer aus der Mühle

3 EL Öl

2 Knoblauchzehen, geschält

1 Zitrone, geachtelt

1 Die Semmelbrösel mit dem Parmesankäse in einer Schale mischen. Das Ei in einem Suppenteller gut verquirlen.

2 Die Schweineschnitzel mit der flachen Seite des Fleischklopfers flach klopfen, trocken tupfen, dann halbieren.

3 Das Fleisch salzen, pfeffern und durch das verquirlte Ei ziehen. Anschließend in der Paniermischung mehrmals wenden und die Panade gut andrücken.

4 Das Öl in einer großen Pfanne mit hohem Rand erhitzen. Den Knoblauch schälen, vierteln und darin goldbraun braten, dann herausnehmen und wegwerfen. Die Schnitzel in dem Knoblauchöl auf jeder Seite etwa 3 Minuten bei mittlerer Hitze goldbraun braten.

5 Die Zitrone achteln und mit den Schnitzeln auf einer Platte oder auf Tellern anrichten. Die Käseschnitzel schmecken auch kalt sehr gut.

Beilage: Kartoffel-Gurken-Salat oder gedünsteter Mangold mit Kartoffelschnee

Getränkeempfehlung: trockener Rosé aus dem Rhônetal

Für 4 Personen

Zubereitungszeit: 25 Minuten

Pro Portion: 520 kcal, 38 g Eiweiß, 40 g Fett, 2 g Kohlenhydrate

Rumpsteaks mit Senfkruste

80 g Sonnenblumenkerne ohne Schale, fein gemahlen

2 EL grober Senf

2 Eigelb

Salz

schwarzer Pfeffer aus der Mühle

½ TL Paprika, edelsüß

4 Rumpsteaks aus der Lende (à 180 g)

3 EL Öl

1 Die Sonnenblumenkerne im Cutter oder Mörser fein mahlen.

2 Den Senf mit den Eigelben in einer Schüssel mischen. Die gemahlenen Sonnenblumenkerne unterrühren. Salzen, pfeffern und mit Paprika würzen.

3 Den Backofen auf 250°C oder den Grill vorheizen.

4 Die Rumpsteaks vom Fettrand befreien, trocken tupfen und in einer Pfanne in heißem Öl bei starker Hitze auf jeder Seite 2 – 3 Minuten braten, salzen und pfeffern.

5 Die Steaks aus der Pfanne nehmen und auf ein mit Alufolie ausgelegtes Backblech setzen. Gleichmäßig mit der Senfpaste bestreichen. Im Backofen auf der obersten Schiene oder unter dem Grill in 3 – 5 Minuten goldbraun werden lassen.

Beilage: Kartoffelpuffer und Tomatensalat mit Frühlingszwiebeln, Brokkoli in Sahne

Getränkeempfehlung: Bier oder ein würziger Tomatencocktail: Tomatensaft mit Tomatenketchup, Worcestersauce, Selleriesalz und Zitronensaft mischen. Eventuell mit Pfeffer oder Tabascosauce noch nachwürzen.

Flotte Fisch-gerichte

Für 4 Personen

Zubereitungszeit: 20 Minuten

Pro Portion: 350 kcal, 25 g Eiweiß, 22 g Fett, 4 g Kohlenhydrate

Rotzungenfilets in Schnittlauchsahne

2 EL Butter

1 mittelgroße **Zwiebel,** gehackt

0,2 l (200 ml) trockener **Weißwein**

200 g Sahne

Salz

weißer Pfeffer aus der Mühle

2 Bund Schnittlauch

8 Rotzungenfilets (à 70 g)

Zitronensaft

1 Die Butter in einer breiten Pfanne mit hohem Rand schmelzen. Die Zwiebelwürfel darin bei schwacher Hitze weich dünsten.

2 Mit dem Weißwein aufgießen und um ein Drittel einkochen lassen. Die Sahne zufügen und um knapp die Hälfte einkochen lassen, bis die Sauce eine cremige Konsistenz hat.

3 In dieser Zeit den Schnittlauch waschen, trocken tupfen und in feine Ringe schneiden. Zum Schluss in die Sauce rühren und mit Salz und Pfeffer würzen.

4 Die Rotzungenfilets waschen, trocken tupfen, mit Zitronensaft beträufeln, leicht salzen und pfeffern. In die Schnittlauchsauce legen und zugedeckt bei schwacher Hitze in 4–5 Minuten gar ziehen lassen.

Beilage: Salzkartoffeln und Tomatensalat

Getränkeempfehlung: trockener Weißwein, z. B. Entre-Deux-Mer

Bereiten Sie nach diesem Rezept auch mal Seezungen- oder Schollenfilets zu.

Für 4 Personen

Zubereitungszeit: 30 Minuten

Pro Portion: 300 kcal, 29 g Eiweiß, 19 g Fett, 3 g Kohlenhydrate

Gratiniertes Rotbarschfilet in Senfrahm

600 g Rotbarschfilet

Zitronensaft

Salz

weißer Pfeffer aus der Mühle

Fett für die Form

150 g Crème fraîche

2 EL mittelscharfer **Senf**

¹/₈ l (125 ml) Fischfond
(aus dem Glas)

1 TL Stärkemehl

1 Kästchen Kresse

1 Das Rotbarschfilet waschen, trocken tupfen und in 4 Portionen teilen.

2 Eine Auflaufform einfetten und die Rotbarschfilets nebeneinander hineinlegen, mit Zitronensaft beträufeln, salzen und pfeffern.

3 Den Backofen auf 200°C (Umluft 180°C, Gas Stufe 3) vorheizen.

4 Für die Sauce die Crème fraîche mit dem Senf und dem Fischfond in einem kleinen Topf gut verrühren. Das Stärkemehl in etwas Wasser auflösen und zufügen. Alles aufkochen und kurz köcheln lassen. Mit Salz, Pfeffer und Zitronensaft würzen.

5 Die Kresse unter fließendem Wasser abbrausen und die Hälfte der Blättchen in die Sauce geben. Die Sauce über den Fischfilets verteilen.

6 Die Auflaufform in die Mitte des Backofens stellen und den Fisch in 20 Minuten garen.

7 Die Form aus dem Ofen nehmen und die restliche Kresse direkt darüber abschneiden. Gleich in der Form servieren.

Beilage: Reis und Spinatsalat. Dafür aus 2 EL Sherryessig, Salz, Pfeffer und 3 EL Öl eine Marinade anrühren, das Weiße von 2 Frühlingszwiebeln, in ganz feine Ringe geschnitten, und 80 g frischen Spinat darin wenden.

Getränkeempfehlung: leichter Rosé, z. B. Württemberger Schiller

Jakobsmuscheln in Kerbel-Mascarpone

2 EL Butter

2 Schalotten, fein gehackt

80 g Kerbel

Salz

weißer Pfeffer aus der Mühle

1/8 l (125 ml) trockener Weißwein

100 g Mascarpone

500 g Jakobsmuscheln

Zitronensaft

1 Die Butter in einer Kasserolle erhitzen und die Schalotten-würfel darin weich dünsten.

2 Den Kerbel abbrausen, von den Stielen befreien und, bis auf einige Blättchen zum Garnieren, zu den Schalotten geben und zusammenfallen lassen. Mit Salz und Pfeffer leicht würzen und mit dem Weißwein aufgießen. Das Ganze ein-mal aufkochen lassen.

3 Mascarpone unterrühren und erhitzen. Alles im Mixer oder mit dem Pürierstab fein zerkleinern und mit Zitronensaft abrunden.

4 Die Jakobsmuscheln unter fließend kaltem Wasser kurz abspülen. Falls vorhanden, die roten Teile (man nennt sie Corail) abtrennen. Die Jakobsmuscheln in der Kerbelsauce, je nach Größe, in 3 – 5 Minuten gar ziehen lassen. Die Corail kurz vor Garzeitende zufügen. Die restlichen Kerbelblätt-chen darüber streuen.

Beilage: Reis

Getränkeempfehlung: trockener Rieslingsekt oder Champagner

Kerbel und Schalotten mit Weiß-wein aufgießen und aufkochen lassen.

Mascarpone unter die Masse rühren und alles fein pürieren.

Die orangefarbenen Teile, Corail genannt, von den Jakobsmuscheln abtrennen.

Vor dem Servieren Kerbelblätter über das Gericht streuen.

Für 4 Personen

Zubereitungszeit: 30 Minuten

Pro Portion: 295 kcal, 36 g Eiweiß, 7 g Fett, 8 g Kohlenhydrate

Fischtopf mit Gemüse und Safran

2 EL Butter

1 mittelgroße **Zwiebel,**
fein gehackt

200 g Möhren,
in Scheiben geschnitten

2 mittelgroße **Porreestangen,**
in Stücke geschnitten

5 Stangen Staudensellerie,
in Scheiben geschnitten

1 Döschen Safran, gemahlen

¼ l (250 ml) trockener **Weißwein**

¾ l (750 ml) Fischfond
(aus dem Glas)

Salz

weißer Pfeffer aus der Mühle

Saft von ½ Zitrone

600 g Fischfilet (z. B. Kabeljau,
Goldbarsch, Dorsch oder andere
Sorten)

150 g Krabben, ohne Schale

1 Die Butter in einem großen Topf erhitzen und die Zwiebelwürfel darin bei schwacher Hitze dünsten.

2 Die Möhren schälen, waschen und direkt über dem Topf auf dem Gemüsehobel in dünne Scheiben schneiden, kurz mit den Zwiebelwürfeln dünsten.

3 Den Porree putzen, aufschlitzen, gründlich ausspülen und schräg in 1 cm lange Stücke schneiden.

4 Den Staudensellerie waschen und in schmale Scheiben schneiden, falls Blätter dran sind, grob hacken. Alles mit dem Porree in den Topf geben und kurz andünsten.

5 Den Safran über das Gemüse streuen, kurz anschwitzen und mit dem Weißwein ablöschen. Mit dem Fischfond aufgießen und mit Salz, Pfeffer und etwas Zitronensaft würzen. Zugedeckt 15 Minuten bei mittlerer Hitze köcheln lassen.

6 Den Fisch waschen, trocken tupfen und dann in mundgerechte Würfel schneiden. Mit Zitronensaft beträufeln, salzen und pfeffern. Zusammen mit den Krabben in den Topf geben und bei schwacher Hitze in 5 Minuten gar ziehen lassen. Den Fischtopf abschmecken.

tipp

Anstelle des Fischfonds können Sie auch Gemüsebrühe verwenden und den Safran durch Curry ersetzen.

Für 4 Personen:

Zubereitungszeit: 30 Minuten

Pro Portion: 280 kcal, 34 g Eiweiß, 7 g Fett, 4 g Kohlenhydrate

Kabeljaukoteletts auf Porree

500 g Porree,
in schmale Ringe geschnitten

3 EL Butter

¹/₄ l (250 ml) Weißwein oder Fischfond (aus dem Glas)

Salz

weißer Pfeffer aus der Mühle

frisch geriebene **Muskatnuss**

1 unbehandelte Zitrone

4 Kabeljaukoteletts (à ca. 180 g)

1 Porree putzen, längs aufschlitzen und gründlich waschen. Anschließend in schmale Ringe schneiden.

2 Die Hälfte der Butter in einem Bräter erhitzen. Den Porree dazugeben und etwa 5 Minuten dünsten. Mit Weißwein oder Fischfond aufgießen, dann mit Salz, Pfeffer und Muskat würzen. Einmal aufkochen lassen und bei schwacher Hitze weitere 5 Minuten garen.

3 Die Zitrone halbieren. Eine Hälfte auspressen. Die Fischkoteletts waschen, trocken tupfen und mit dem Zitronensaft beträufeln. Salzen, pfeffern und nebeneinander auf den Porree in den Bräter legen.

4 Restliche Butter in Flocken auf dem Fisch verteilen. Die zweite Zitronenhälfte in dünne Scheiben schneiden und auf die Kabeljaukoteletts legen. Zugedeckt bei mittlerer Hitze in etwa 15 Minuten garen.

5 Den Fisch auf vorgewärmte Teller legen und den Porree daneben anrichten. Mit dem Garsud übergießen und servieren.

Getränkeempfehlung: Silvaner aus Franken oder eine Mandarinensaftschorle

Für 4 Personen

Zubereitungszeit: 25 Minuten

Pro Portion: 320 kcal, 38 g Eiweiß, 14 g Fett, 10 g Kohlenhydrate

Goldbarsch in Limettensauce

800 g Goldbarschfilet

4 Limetten

Salz

weißer Pfeffer aus der Mühle

frisch geriebene **Muskatnuss**

1 EL Butter

2 Schalotten, fein gehackt

5 EL Crème fraîche

1 TL Worcestersauce

1 Prise Zucker

4 EL Butterschmalz

5 EL Mehl

1 Handvoll Kerbel

1 Den Fisch waschen, trocken tupfen, in 4 Portionen teilen und auf eine Platte legen.

2 Die Limetten auspressen. Den Saft einer Fruchthälfte über den Fisch träufeln, die Filets salzen, pfeffern und mit Muskat würzen.

3 Für die Sauce die Butter in einer kleinen Pfanne erhitzen und die Schalottenwürfel darin weich dünsten. Mit dem Limettensaft aufgießen und die Crème fraîche unterrühren. Aufkochen und 10 Minuten bei milder Hitze köcheln lassen. Mit Salz und Pfeffer, Muskat, Worcestersauce und Zucker abschmecken.

4 Das Butterschmalz in einer großen Pfanne erhitzen. Das Mehl auf einen Teller schütten. Die Fischfilets nacheinander darin wenden und das überschüssige Mehl abschütteln.

5 Die Goldbarschfilets in dem heißen Butterschmalz beidseitig in 6 – 8 Minuten goldbraun ausbacken.

6 Den Kerbel abbrausen, von den Stielen befreien und kurz vor dem Servieren in die Limettensauce streuen. Die Goldbarschfilets auf vorgewärmte Teller legen und die Sauce daneben verteilen.

Goldbarschfilets mit Limettensaft beträufeln und würzen.

Schalotten dünsten, mit Limettensaft aufgießen und Crème fraîche unterrühren.

Die Filets in Mehl wenden und anschließend in heißem Butterschmalz ausbacken.

Für 4 Personen

Zubereitungszeit: 30 Minuten

Pro Portion: 630 kcal, 44 g Eiweiß, 36 g Fett, 34 g Kohlenhydrate

Gratiniertes Steinbeißer-filet auf Spinat

2 EL Butter

1 mittelgroße Zwiebel, fein gehackt

2 Knoblauchzehen, geschält

600 g Blattspinat, tiefgekühlt und aufgetaut

Salz

weißer Pfeffer aus der Mühle

frisch geriebene **Muskatnuss**

½ TL Kreuzkümmel, gemahlen

750 g Steinbeißerfilets

Zitronensaft

Fett für die Form

2 Eier

200 g Sahne

100 g frisch geriebener **Knoblauchschnittkäse**

1 Die Butter in einem Topf erhitzen. Die Zwiebelwürfel darin glasig dünsten. Den Knoblauch schälen und dazupressen. Den Spinat zufügen und 5 Minuten dünsten. Mit Salz, Pfeffer, Muskat und Kreuzkümmel würzen. In ein Sieb geben und ausdrücken.

2 Den Backofen auf 220°C (Umluft 190°C; Gas Stufe 3–4) vorheizen.

3 Die Steinbeißerfilets waschen, trocken tupfen, mit Zitronensaft beträufeln, salzen und pfeffern.

4 Eine Auflaufform einfetten und die Hälfte des Spinats darin verteilen. Die Steinbeißerfilets nebeneinander darauflegen und mit dem restlichen Spinat bedecken.

5 Eier, Sahne und Käse verrühren, salzen, pfeffern und über den Spinat gießen.

6 Die Form in die Mitte des Backofens stellen und den Fisch in 15–20 Minuten garen.

Beilage: Salzkartoffeln

Getränkeempfehlung: trockener Weißwein, z. B. Pinot bianco

Für 4 Personen

Zubereitungszeit: 30 Minuten

Pro Portion: 265 kcal, 38 g Eiweiß, 11 g Fett, 4 g Kohlenhydrate

Heilbutt auf Basilikum-Tomaten

500 g mittelgroße Tomaten, in Scheiben geschnitten

1 EL Olivenöl

Salz

schwarzer Pfeffer aus der Mühle

1 Bund Basilikum, gezupft

4 Heilbuttkoteletts (à 180 g)

Zitronensaft

Zitronenpfeffer

frisch geriebene **Muskatnuss**

¼ l (250 ml) Fischfond (aus dem Glas)

4 TL Butter als Flöckchen

1 Die Tomaten blanchieren, häuten und in Scheiben schneiden, dabei Kerne und Stängelansatz entfernen.

2 Eine Auflaufform mit Olivenöl auspinseln, die Tomaten hineinlegen, salzen und pfeffern.

3 Das Basilikum abbrausen und 4 Zweige beiseite legen. Von den restlichen die Blättchen über den Tomaten abzupfen. Den Backofen auf 200°C (Umluft 170°C, Gas Stufe 3 – 4) vorheizen.

4 Die Heilbuttkoteletts waschen, trocken tupfen, mit Zitronensaft beträufeln, salzen und mit Zitronenpfeffer und Muskat leicht würzen.

5 Den Fischfond in die Form gießen und die Heilbuttkoteletts nebeneinander auf die Tomatenscheiben legen. Die Butterflöckchen darauf verteilen und auf jedes Heilbuttkotelett einen Zweig Basilikum legen.

6 Die Auflaufform auf die mittlere Schiene des Backofens stellen und den Fisch in 15 Minuten garen. Nach Belieben mit Basilikum bestreut servieren.

Tomaten in Scheiben schneiden und die Kerne sowie Stängelansätze entfernen.

Tomatenscheiben in eine Auflaufform legen und mit Salz und Pfeffer würzen.

Heilbuttkoteletts mit Zitronensaft, Salz und Muskat würzen.

Den Fisch auf die Tomaten legen und mit Butterflöckchen besetzen.

Für 4 Personen

Zubereitungszeit: 30 Minuten

Pro Portion: 425 kcal, 39 g Eiweiß, 21 g Fett, 14 g Kohlenhydrate

Fischragout mit Brokkoli

2 EL Butter

1 mittelgroße Zwiebel, gehackt

150 g Möhren, in feine Scheiben geschnitten

300 g Brokkoli, tiefgekühlt und angetaut

250 g mehlig kochende Kartoffeln

½ l Gemüsebrühe (aus Extrakt)

Salz

schwarzer Pfeffer aus der Mühle

1 TL Thymian

⅛ l trockener Weißwein

200 g Sahne

750 g gemischtes Fischfilet (z. B. Kabeljau, Seelachs, Dorsch, Goldbarsch)

Saft von 1 Zitrone

1 Bund Dill, fein gehackt

1 Die Butter in einem großen Topf erhitzen und die Zwiebelwürfel darin glasig dünsten.

2 Inzwischen die Möhren schälen, waschen und über dem Topf auf dem Gemüsehobel in feine Scheiben schneiden.

3 Den Brokkoli in mundgerechte Stücke schneiden, zufügen und kurz mitdünsten lassen.

4 Die Kartoffeln schälen, waschen und in kleine Würfel schneiden. In den Topf geben, mit der Gemüsebrühe aufgießen und aufkochen.

5 Das Gemüse mit Salz, Pfeffer und Thymian würzen, den Weißwein und die Sahne zufügen und 15 Minuten köcheln lassen.

6 Inzwischen den Fisch waschen, trocken tupfen und in mundgerechte Würfel schneiden. Mit Zitronensaft beträufeln, salzen und pfeffern.

7 Den Dill abbrausen, trocken tupfen, abzupfen und fein schneiden.

8 Die Fischwürfel in das Ragout legen und bei milder Hitze in 6 – 8 Minuten gar ziehen lassen. Nochmals abschmecken und zum Schluss den Dill einstreuen.

Beilage: knuspriges Weißbrot

Getränkeempfehlung: leichter Weißwein, z. B. Edelzwicker

Anstelle des Fisches können Sie auch feine Streifen von Hühnerbrust in die Suppe geben oder einfach die Gemüsemenge erhöhen und mehr Brühe dazugeben, dann haben Sie einen schönen Gemüseeintopf.

Für 4 Personen

Zubereitungszeit: 30 Minuten

Pro Portion: 230 kcal, 27 g Eiweiß, 12 g Fett, 3 g Kohlenhydrate

Schollenfilets in Tomaten-Oliven-Sauce

600 g Schollenfilets

Zitronensaft

Salz

weißer Pfeffer aus der Mühle

1 Msp. Piment, gemahlen

3 EL Olivenöl

1 mittelgroße Zwiebel, gehackt

2 Fleischtomaten, grob gehackt

1 TL Paprika, edelsüß

1 Glas Oliven, mit Paprika gefüllt
(125 g)

1   Die Schollenfilets waschen, trocken tupfen und neben-einander auf eine Platte legen. Mit Zitronensaft beträufeln, salzen, pfeffern und mit Piment würzen.

2   Die Hälfte des Olivenöls in einer breiten Pfanne erhitzen. Die Zwiebelwürfel darin glasig dünsten.

3   Die Tomaten blanchieren, häuten, entkernen und grob hacken. In die Pfanne geben und bei mittlerer Hitze 10 Minuten offen köcheln lassen. Mit Salz, Pfeffer und Paprika würzen.

4   Inzwischen die Oliven in einem Sieb abtropfen lassen, in schmale Scheiben schneiden und unter die Tomaten-sauce mischen und erwärmen.

5   Das restliche Olivenöl in einer zweiten Pfanne erhitzen und die Schollenfilets darin 3 – 4 Minuten braten, dabei ein-mal wenden.

6   Die Schollenfilets auf einer vorgewärmten Platte anrichten und mit der Sauce überziehen.

Beilage: Petersilienreis oder Pellkartoffeln und gemischter Blattsalat

Getränkeempfehlung: trockener Weißwein, z. B. Rioja

Für 4 Personen

Zubereitungszeit: 20 Minuten

Pro Portion: 170 kcal, 19 g Eiweiß, 11 g Fett, 0 g Kohlenhydrate

Scampi in Petersilien-Knoblauchbutter

4–6 Knoblauchzehen,
in feine Scheiben geschnitten

2 EL Butter

2 EL Olivenöl

1 kleine getrocknete Chilischote

500 g Scampi
(frisch oder aufgetaut)

Salz

schwarzer Pfeffer aus der Mühle

Saft von ½ Zitrone

2 Bund glatte Petersilie

1 Die Knoblauchzehen schälen und in ganz feine Scheiben schneiden.

2 Die Butter und das Olivenöl in einer breiten Pfanne erhitzen. Die Knoblauchscheiben und die Chilischote zufügen und den Knoblauch bei ganz schwacher Hitze goldgelb werden lassen.

3 Inzwischen die Scampi kalt abbrausen und aus der Schale lösen. In die Pfanne geben und 6 Minuten braten, dabei immer wieder umrühren. Mit Salz, Pfeffer und Zitronensaft würzen.

4 Die Petersilie abbrausen, trocken tupfen, abzupfen und nicht ganz fein hacken. Zum Schluss unter die Scampi mischen.

Beilage: Weißbrot

**Getränkeempfehlung: trockener Weißwein,
z. B. Chardonnay aus dem Trentino**

Für 4 Personen

Zubereitungszeit: 30 Minuten

Pro Portion: 220 kcal, 32 g Eiweiß, 7 g Fett, 2 g Kohlenhydrate

Seeteufel-Medaillons mit Shiitakepilzen

2 EL Sojaöl

1 kleine Zwiebel, fein gehackt

400 g Shiitakepilze,
in feine Streifen geschnitten

5 cl trockener Sherry (Fino)

6 EL Sojasauce

1 Kästchen Kresse

5 Seeteufelmedaillons
(Lotte, à 80 g)

Zitronensaft

Salz

weißer Pfeffer aus der Mühle

1 TL fein gehackte Ingwerwurzel

1 Das Sojaöl in einer breiten Pfanne erhitzen. Die Zwiebel-würfel darin glasig dünsten.

2 Inzwischen die Shiitakepilze putzen, in einem Sieb kurz abbrausen und samt Stielen in sehr feine Streifen schnei-den. In die Pfanne geben und bei starker Hitze 5 Minuten dünsten. Den Sherry und die Sojasauce angießen und 10 Minuten bei mittlerer Hitze weitergaren.

3 Die Kresse unter fließendem Wasser abbrausen und zwei Drittel der Blättchen über den Shiitakepilzen abschneiden und untermischen.

4 Die Seeteufelmedaillons waschen, trocken tupfen, mit Zitronensaft beträufeln, salzen und pfeffern. Mit dem Ingwer würzen und zu den Pilzen geben. Zugedeckt in 6 – 8 Minuten bei schwacher Hitze gar ziehen lassen.

5 Vor dem Servieren mit den restlichen Kresseblättchen bestreuen.

Beilage: in Butter geschwenkter Langkornreis

Getränkeempfehlung: leicht blumiger Weißwein,
z. B. Verduzzo aus dem Friaul

Für 4 Personen

Zubereitungszeit: 20 Minuten

Pro Portion: 170 kcal, 7 g Eiweiß, 11 g Fett, 9 g Kohlenhydrate

Matjestatar auf Apfelscheiben

1 kleiner Apfel (Cox Orange), gewürfelt

1 Fleischtomate, gewürfelt

1 kleine Zwiebel, gewürfelt

1 mittelgroße Essiggurke, gewürfelt

2 zarte Matjesfilets (je ca. 80 g)

1 TL gehackter Dill

1 EL Salatmayonnaise (50 %)

schwarzer Pfeffer aus der Mühle

1 großer, säuerlicher Apfel (Cox Orange)

4 Zweige Dill

1 Den kleinen Apfel schälen, halbieren und das Kernhaus entfernen. Die Tomaten kurz blanchieren, die Haut abziehen und Stängelansätze und Kerne entfernen. Apfel, Tomate, geschälte Zwiebel und Essiggurke würfeln.

2 Die Matjesfilets mit einem Wiegemesser oder einem breiten Messer fein wiegen, mit den klein geschnittenen Zutaten und dem Dill vermischen. Die Salatmayonnaise unterrühren. Würzig mit Pfeffer abschmecken.

3 Den großen Apfel schälen, das Kerngehäuse ausstechen und den Apfel in 1 cm dicke Scheiben schneiden.

4 Auf jede Apfelscheibe einen EL Matjestatar häufen und mit einem Dillzweig garnieren.

tipp

Für 4 Personen eine Vorspeise – für 2 Personen ein Abendessen. Man kann das Tatar auch auf Vollkornbrot anrichten. Je zarter die Matjes, umso feiner das Tatar.

Für 4 Personen

Zubereitungszeit: 15 Minuten

Pro Portion: 255 kcal, 15 g Eiweiß, 18 g Fett, 3 g Kohlenhydrate

Lachs mit Zitronen-Dill-Sauce

1 EL scharfer Senf

3 Eigelb

Salz

weißer Pfeffer aus der Mühle

Saft von 2 Zitronen

2 EL Sojaöl

1 Schalotte, fein gehackt

2–3 Bund Dill (je nach Größe), fein gehackt

250 g Räucherlachs in dünnen Scheiben

1 Den Senf mit dem Eigelb in eine Rührschüssel füllen und verrühren. Die Mischung salzen, pfeffern und den Zitronensaft zufügen. Mit dem Handrührer oder dem Schneebesen kräftig durchschlagen, dabei das Sojaöl langsam einfließen lassen.

2 Die Schalotte und den Dill unter die Sauce heben und nochmals abschmecken.

3 Die Lachsscheiben locker auf 4 Teller verteilen und mit der Sauce übergießen.

Beilage: Vollkorntoast und Butter

Getränkeempfehlung: Sekt oder Champagner

tipp

Preisgünstiger als der Lachs ist geräuchertes Forellenfilet, auch dazu passt die Sauce hervorragend. Wer lieber Fleisch mag, kann zu der Sauce einen dünn aufgeschnittenen Rindersaftschinken reichen.

Für 4 Personen

Zubereitungszeit: 35 Minuten

Pro Portion: 260 kcal, 32 g Eiweiß, 9 g Fett, 12 g Kohlenhydrate

Mildes Kokos-Fisch-Curry

600 g Kabeljaufilet (frisch oder tiefgekühlt und aufgetaut)

1 Zitrone

400 g Zuckerschoten

3 Frühlingszwiebeln

1 EL Öl

1 TL scharfes Currypulver

400 ml Kokosmilch (aus der Dose)

3–4 EL Fischsauce
(aus dem Asienladen)

1 Bund Petersilie, gehackt

Salz

weißer Pfeffer aus der Mühle

1 Tiefgekühlten Fisch auftauen lassen. Die Zitrone auspressen, den Fisch abtupfen, in grobe Stücke schneiden und mit 2 EL Zitronensaft beträufeln; durchziehen lassen, bis die anderen Zutaten vorbereitet sind.

2 Die Zuckerschoten und Frühlingszwiebeln waschen und putzen. Von den Frühlingszwiebeln die weißen Teile hacken, die grünen in feine Ringe schneiden. Große Zuckerschoten einmal schräg durchschneiden, kleine ganz lassen.

3 Das Öl in einem großen Topf erhitzen und die weißen Teile der Frühlingszwiebeln darin bei mittlerer Hitze etwa 5 Minuten dünsten. Gelegentlich wenden.

4 Das Currypulver einstreuen, die Kokosmilch und 3 EL Fischsauce angießen und aufkochen, den Fisch und die Zuckerschoten zugeben und das Ganze zugedeckt etwa 10 Minuten sanft köcheln lassen. Nur wenig und behutsam umrühren, sonst zerfällt der Fisch.

5 Die Petersilie waschen, trocken tupfen und hacken. Das Curry mit Zitronensaft, eventuell noch etwas Fischsauce sowie nach Belieben Salz und Pfeffer abschmecken. Vor dem Servieren die Petersilie unterrühren.

Beilage: Langkorn- oder Jasminreis

Getränkeempfehlung: Joghurtsorbet. Dafür 175 g Naturjoghurt mit Apfel-, Ananas- oder Zitronensaft mischen, mit Honig abschmecken.

Suppen
in Rekordzeit

Für 4 Personen

Zubereitungszeit: 30 Minuten

Pro Portion: 860 kcal, 55 g Eiweiß, 44 g Fett, 48 g Kohlenhydrate

Möhren-Kartoffel-Eintopf mit Wurst und Petersilie

1 kg junge Möhren

750 g neue Kartoffeln

1 Zwiebel, gewürfelt

40 g Butter

2 TL Zucker

300 ml Kalbsfond oder Instant-Brühe

Salz

schwarzer Pfeffer aus der Mühle

1 TL gemahlener Koriander

4 Polnische oder Debrecziner Würste

1 Bund Petersilie, fein gehackt

100 g Sahne

1 Die Möhren waschen, Stielansätze, Enden sowie schadhafte Stellen abschneiden und die Möhren in etwa 2 cm lange Stücke schneiden. Die Kartoffeln schälen und in mundgerechte Stücke schneiden. Die Zwiebel schälen und klein würfeln.

2 Die Butter in einem großen Topf erhitzen. Erst die Zwiebelwürfel darin andünsten, dann Möhren und Kartoffeln unter ständigem Rühren kurz anbraten. Den Zucker unterrühren und das Gemüse mit Kalbsfond ablöschen. Alles mit Salz, Pfeffer und Koriander abschmecken und zugedeckt 10 Minuten bei mittlerer Hitze garen.

3 Inzwischen die Würste in Scheiben schneiden, in den Eintopf geben und warm werden lassen.

4 Petersilie abbrausen, trocken schütteln und die Blättchen in feine Streifen schneiden. Die Sahne und die Petersilie in den Eintopf rühren, alles nochmals kurz erhitzen, abschmecken und servieren.

Getränkeempfehlung: gut gekühltes Pils oder eine Kräuterlimonade

Brezensuppe

2 mittelgroße **Zwiebeln**

2 EL **Schweineschmalz**

2 **Laugenbrezeln (der Bayer sagt »Brezen«),** möglichst vom Vortag

¹/₈ l **(125 ml) Bier**

³/₄ l **(750 ml) Fleischbrühe** (aus Extrakt)

Salz

schwarzer Pfeffer aus der Mühle

frisch geriebene **Muskatnuss**

1 **Bund Schnittlauch,** fein gehackt

1 Die Zwiebeln schälen. Eine Zwiebel fein hacken und in einem Suppentopf in 1 EL Schweineschmalz andünsten.

2 Die Laugenbrezen in ca. ¹/₂ cm breite Scheiben schneiden. In den Topf geben und kurz mit den Zwiebeln braten.

3 Mit dem Bier und der Fleischbrühe aufgießen. Zugedeckt 15 Minuten köcheln lassen.

4 Inzwischen die zweite Zwiebel in schmale Ringe schneiden (am besten auf dem Gurkenhobel). Die Zwiebelringe im restlichen Schweineschmalz unter Rühren braun anbraten.

5 Die Suppe mit Salz, Pfeffer und Muskat kräftig abschmecken und die abgeschmolzenen Zwiebeln hinein geben. Zugedeckt 5 Minuten ziehen lassen.

6 Vor dem Servieren den Schnittlauch in die Brezensuppe streuen.

Zuerst Zwiebeln in Schweineschmalz andünsten, dann die Brezenscheiben dazugeben.

Das Bier und die Fleischbrühe auf die Laugenbrezenscheiben gießen.

Die geschälte Zwiebel mit einem Gurkenhobel in feine Ringe schneiden.

Zwiebelringe in Butterschmalz unter ständigem Rühren braun anbraten.

Reissuppe mit Gemüse-streifen und Pilzen

1 l Gemüsebrühe (aus Extrakt)

150 g Reis

1 mittelgroße Stange Porree,
in Ringe geschnitten

1 mittelgroße Möhre,
grob geraspelt

150 g Champignons,
in Scheiben geschnitten

Zitronensaft

Salz

weißer Pfeffer aus der Mühle

frisch geriebene **Muskatnuss**

1 Die Brühe aufkochen, den Reis einstreuen und zugedeckt bei mittlerer Hitze 10 Minuten garen.

2 Die Porreestange putzen, längs aufschlitzen, gründlich ausspülen und in feine Ringe schneiden.

3 Die Möhre schälen, waschen und auf der Gemüsereibe grob raspeln.

4 Die Champignons putzen, abbrausen und mit dem Eier-schneider in Scheiben schneiden. Sofort mit Zitronensaft beträufeln, damit sie sich nicht dunkel färben.

5 Porreeringe, Möhrenraspel und Champignonscheiben in die Suppe geben und bei schwacher Hitze weitere 10 Minu-ten garen. Dann die Suppe mit Salz, Pfeffer und Muskat abschmecken.

tipp

So wird die Suppe gehaltvoller: 4 Hühnerbrustfilets in schmale Streifen schneiden, leicht salzen und pfeffern und ca. 7 Minuten vor Garzeitende in die Suppe geben und gar ziehen lassen.

Für 4 Personen

Zubereitungszeit: 30 Minuten

Pro Portion: 230 kcal, 13 g Eiweiß, 8 g Fett, 27 g Kohlenhydrate

Linsensuppe mit Curry und Sesam

2 EL Sesamöl

1 kleine Zwiebel, fein gehackt

2 Knoblauchzehen

½ cm Ingwerwurzel, in Scheiben geschnitten

1 EL Sesam

2 EL Curry

200 g rote Linsen (aus dem Naturkostladen oder dem Reformhaus)

¾ l (750 ml) Gemüsebrühe (aus Extrakt)

Salz

schwarzer Pfeffer aus der Mühle

Zitronensaft

1 Bund glatte Petersilie

1 Das Sesamöl in einem Topf erhitzen und die Zwiebelwürfel darin andünsten. Den Knoblauch schälen und dazupressen.

2 Die Ingwerwurzel schälen, in dünne Scheiben schneiden und mit dem Sesam zufügen. Alles mit Curry bestäuben und kurz anschwitzen. Die Linsen einstreuen.

3 Mit der Gemüsebrühe aufgießen. Langsam aufkochen lassen und zugedeckt bei schwacher Hitze 20 Minuten köcheln lassen.

4 Die Suppe mit Salz, Pfeffer und Zitronensaft abschmecken.

5 Die Petersilie abbrausen, trocken tupfen, abzupfen und mittelfein hacken. Kurz vor dem Servieren in die Suppe streuen.

Beilage: Reis

Sie können die Suppe auch pürieren und mit Crème fraîche servieren. Wenn Sie den Ingwer fein reiben, gibt er noch mehr Aroma ab.

Für 4 Personen

Zubereitungszeit: 30 Minuten

Pro Portion: 415 kcal, 11 g Eiweiß, 33 g Fett, 17 g Kohlenhydrate

Kartoffelrahmsuppe

3 Frühlingszwiebeln

3 EL Butter

400 g mehlig kochende Kartoffeln, grob geraspelt

1 kleine Möhre, grob geraspelt

100 g Knollensellerie, grob geraspelt

1 Stange Staudensellerie, in Scheiben geschnitten

³/₄ l (750 ml) Gemüsebrühe (aus Extrakt)

250 g Crème double

Salz

weißer Pfeffer aus der Mühle

frisch geriebene **Muskatnuss**

2 EL Zitronensaft

150 g Nordseekrabben ohne Schale

1 Die Frühlingszwiebeln putzen, waschen und die weißen Zwiebelchen in Ringe schneiden. Das Grün beiseite legen. Die Butter im Suppentopf erhitzen und die Zwiebelringe darin andünsten.

2 Kartoffeln, Möhre und Knollensellerie schälen und auf der Gemüsereibe direkt über dem Topf grob raspeln.

3 Den Staudensellerie abbrausen, in Scheiben schneiden und zufügen. Mit der Gemüsebrühe aufgießen und 15 Minuten köcheln lassen.

4 Inzwischen das Grün der Frühlingszwiebeln in ganz feine Ringe schneiden.

5 Die Suppe im Mixer oder mit einem Stabmixer fein pürieren. Die Crème double unterrühren und 5 Minuten köcheln lassen, bis die Konsistenz schön sahnig-cremig ist.

6 Die Suppe mit Salz, Pfeffer, Muskat und Zitronensaft dezent abschmecken.

7 Die grünen Zwiebelringe und die Krabben, bis auf jeweils 1 EL, unter die Suppe mischen und kurz erhitzen. Auf Teller oder Suppentassen verteilen und mit den restlichen Krabben und Frühlingszwiebelringen bestreuen.

Getränkeempfehlung: leichter Weißwein oder eine Holundersaftschorle

Anstelle der Krabben können Sie auch schmale Streifen von gekochtem Schinken hinzufügen.

Für 4 Personen

Zubereitungszeit: 25 Minuten

Pro Portion: 690 kcal, 64 g Eiweiß, 25 g Fett, 42 g Kohlenhydrate

Hühnereintopf mit Reis

3 halbe Grillhähnchen, fertig gegrillt, klein geschnitten

1 mittelgroße **Zwiebel,** fein gehackt

2 EL Butter

1 Knoblauchzehe

3 Zucchini (ca. 220 g), in Scheiben geschnitten

200 g Kurzzeitreis

1 l Hühnerbrühe (aus Extrakt)

Salz

weißer Pfeffer aus der Mühle

Saft ½ Zitrone

1 Prise Muskat, frisch gerieben

1 Bund Basilikum

1 Die Grillhähnchen häuten, das Fleisch von den Knochen lösen und klein schneiden.

2 Die Zwiebel in heißer Butter in einem großen Topf glasig dünsten. Die Knoblauchzehe dazupressen.

3 Die Zucchini waschen, vom Stängelansatz befreien und auf dem Gemüsehobel in feine Scheiben hobeln, zufügen und kurz mitdünsten. Das Hähnchenfleisch untermischen.

4 Den Reis einstreuen, durchrühren und mit der Hühnerbrühe aufgießen, aufkochen und fünf Minuten köcheln lassen. Mit Salz, Pfeffer, Zitronensaft und Muskat würzen.

5 Zum Schluss die abgezupften Basilikumblättchen einstreuen.

Getränkeempfehlung: Apfelschorle oder gespritzter Apfelwein

Lammtopf mit Tomaten und Zucchini

600 g Lammschulter, in Würfel geschnitten

2 EL Olivenöl

Salz

1 EL Curry

1 große Zwiebel, fein gehackt

¹/₄ l (250 ml) Fleischbrühe (aus Extrakt)

1 große Dose geschälte Tomaten (850 g)

350 g Zucchini, in Scheiben geschnitten

3 Knoblauchzehen

schwarzer Pfeffer aus der Mühle

¹/₂ TL Kreuzkümmel

1 Zweig Thymian

1 Das Fleisch waschen, trocken tupfen und in 1 cm große Würfel schneiden.

2 Das Olivenöl in einem Topf erhitzen und das Fleisch portionsweise sehr kräftig anbraten. Salzen und mit Curry bestäuben.

3 Die Zwiebelwürfel untermischen, mit Brühe aufgießen und die Tomaten samt Saft zufügen. Aufkochen und 25 Minuten bei mittlerer Hitze garen.

4 Inzwischen die Zucchini waschen, vom Stängelansatz befreien und in feine Scheiben schneiden.

5 Den Knoblauch schälen und mit der Knoblauchpresse in den Eintopf drücken. Mit Salz, Pfeffer und Kreuzkümmel würzen, Thymian zufügen.

6 Die Zucchinischeiben 8 Minuten vor Garzeitende untermischen. Abschmecken, falls nötig, nachwürzen.

Beilage: Baguette oder Landbrot

tipp

Noch gehaltvoller wird der Eintopf, wenn Sie Kartoffelwürfel oder Reis mitgaren.

Grüne Spargelcreme-suppe mit Kresse

500 g grüner Spargel

2 EL Butter

1 Kästchen Kresse

150 g Crème fraîche

$^3/_4$ l (750 ml) Gemüsebrühe
(aus Extrakt)

Salz

weißer Pfeffer aus der Mühle

frisch geriebene Muskatnuss

Zitronensaft

1 Den Spargel waschen, die Spitzen abschneiden und beiseite legen. Den unteren Teil der Stangen schälen und an den Enden abschneiden.

2 Die Spargelstangen in Scheiben schneiden und in der heißen Butter andünsten.

3 Die Kresse abbrausen und bis auf ein paar Blättchen für die Garnitur über dem Topf mit einer Küchenschere abschneiden.

4 Die Crème fraîche zufügen, mit der Gemüsebrühe auf-gießen und 10 Minuten köcheln lassen. Mit Salz, Pfeffer und Muskat würzen.

5 Inzwischen die Spargelspitzen in kochendem Salzwasser 3 Minuten al dente garen, eiskalt abschrecken und gut ab-tropfen lassen.

6 Die Suppe mit einem Stabmixer oder im Mixer pürie-ren, aufkochen lassen und mit Zitronensaft abschmecken. Die Spargelspitzen zufügen und erwärmen.

7 Die Suppe in Teller füllen und mit der restlichen Kresse garnieren.

Nach dem gleichen Rezept können Sie eine Kohlrabicremesuppe zubereiten. Dann geröstete Weißbrotwürfel (Croûtons) über die Suppe streuen.

Für 4 Personen

Zubereitungszeit: 30 Minuten

Pro Portion: 400 kcal, 26 g Eiweiß, 24 g Fett, 20 g Kohlenhydrate

Laucheintopf mit Kasseler

500 g Kartoffeln,
in Würfel geschnitten

500 g Porree,
in Ringe geschnitten

2 EL Öl

1 l Fleischbrühe (aus Extrakt)

**400 g Kasseler ohne Knochen
(gekocht),** in Würfel geschnitten

1 TL Majoran, gerebelt

Salz

schwarzer Pfeffer aus der Mühle

1 EL Rotweinessig

1 Die Kartoffeln schälen, waschen und in 1 cm große Würfel schneiden.

2 Den Porree putzen, längs aufschlitzen, gründlich ausspülen und in ¹/₂ cm dicke Ringe schneiden.

3 Das Öl in einem Topf erhitzen. Kartoffelwürfel und Porree-ringe kurz darin andünsten. Mit der Fleischbrühe aufgießen und aufkochen. Zugedeckt 10 Minuten köcheln lassen.

4 Inzwischen das Kasseler auch in 1 cm große Würfel schneiden und unter das Gemüse mischen.

5 Den Eintopf mit Majoran, Salz und Pfeffer würzen und weitere 10 Minuten köcheln lassen. Zum Schluss mit dem Rotweinessig abschmecken.

Anstelle von Kasseler schmeckt auch Räucherwurst sehr gut in diesem Eintopf.

Tomaten-Knoblauch-Suppe

150 g durchwachsener geräucherter Speck in Scheiben

1 EL Öl

5–6 Knoblauchzehen,
in dünne Scheiben geschnitten

**2 Pakete passierte Tomaten
(à 500 g)**

Salz

schwarzer Pfeffer aus der Mühle

1 Bund Schnittlauch, fein gehackt

1   Den Räucherspeck von der Schwarte befreien, die Scheiben in schmale Streifen schneiden.

2   Das Öl in einem Topf erhitzen und die Speckstreifen darin rosa braten.

3   Inzwischen den Knoblauch schälen und in dünne Scheiben schneiden. Zu dem Speck geben und bei schwacher Hitze goldgelb werden lassen.

4   Mit den passierten Tomaten aufgießen, langsam aufkochen und 10 Minuten köcheln lassen. Mit Salz und Pfeffer abschmecken.

5   Den Schnittlauch abbrausen, dann trocken tupfen, klein schneiden und vor dem Servieren darüberstreuen.

Anstelle des Specks kann man auch geräucherte Putenbrust verwenden.

Gemüse-
gerichte für Ungeduldige

Für 4 Personen

Zubereitungszeit: 20 Minuten

Pro Portion: 410 kcal, 14 g Eiweiß, 34 g Fett, 6 g Kohlenhydrate

Frittata mit grünem Spargel

500 g möglichst dünne, **grüne Spargelstangen**

1 Knoblauchzehe, fein gehackt

1 Bund glatte Petersilie, fein gehackt

8 EL kalt gepresstes Olivenöl

Salz

1 Prise Pfeffer aus der Mühle

6 große Eier

2 EL Mehl

1 Die Spargelstangen waschen. Die harten Enden abschneiden. Die Stangen in 3 – 4 cm lange Stücke schneiden. Die Spargelköpfe beiseite legen. Den Knoblauch schälen und fein hacken. Die Petersilie waschen, trocken schütteln und die Blättchen hacken.

2 In einer großen Pfanne 3 EL Öl erhitzen und die Spargelstücke ohne Köpfe bei mittlerer Hitze und unter Wenden etwa 3 Minuten dünsten. Die Spargelköpfe mit 2 – 3 EL Wasser zugeben und 1 weitere Minute dünsten. Knoblauch und Petersilie unterrühren und noch $^1/_2$ Minute garen, mit Salz und Pfeffer würzen. Die Pfanne zugedeckt beiseite stellen.

3 Eier mit Mehl, 5 – 6 EL Wasser und etwas Salz verquirlen. Den abgekühlten Spargel unterziehen. Die Pfanne mit Küchenpapier auswischen und anschließend 3 EL Olivenöl darin erhitzen. Die Eier mit dem Spargel in die Pfanne geben.

4 Die Frittata bei mittlerer bis starker Hitze braten bzw. die Eier stocken lassen. Dabei nicht umrühren, sondern mit dem Pfannenwender gelegentlich leicht anheben. 2 EL Olivenöl am Rand zugießen und bei schräg gehaltener Pfanne unter die Frittata laufen lassen. Deckel aufsetzen und bei schwacher Hitze in 2 Minuten fertig braten, bis die Frittata auf der unteren Seite goldbraun gebacken ist. Die Frittata auf eine Platte gleiten lassen, in Viertel schneiden und servieren.

Beilage: Bauern- oder Baguettebrot

Getränkeempfehlung: leichter, trockener Weißwein

Für 4 Personen

Zubereitungszeit: 30 Minuten

Pro Portion: 385 kcal, 6 g Eiweiß, 38 g Fett, 6 g Kohlenhydrate

Blumenkohl mit Haselnuss-Butter

1 mittelgroßer Blumenkohl
(ca. 800 g), zerteilt

Salz

Saft von ½ Zitrone

125 g Butter

5 EL frisch gemahlene Haselnüsse

schwarzer Pfeffer aus der Mühle

frisch geriebene Muskatnuss

1   Den Blumenkohl, falls nötig, von den Blättern befreien. Dann in möglichst kleine Röschen teilen und waschen.

2   Reichlich Wasser mit Salz und Zitronensaft aufkochen. Die Blumenkohlröschen zufügen und bei schwacher Hitze in 8 Minuten bissfest garen.

3   Die Butter in einer Kasserolle schmelzen und die gemahlenen Haselnüsse einstreuen und aufschäumen lassen. Mit Salz, Pfeffer und Muskat würzen.

4   Den Blumenkohl mit einem Schaumlöffel aus dem Sud nehmen und dabei sehr gut abtropfen lassen. Auf einer Platte anordnen und mit der heißen Haselnussbutter übergießen. Gleich servieren.

tipp

Anstelle der Nussbutter schmeckt auch Gorgonzola-Sahne-Sauce sehr gut zum Blumenkohl. Dann passen als Beilage Rühreier mit Schinken.

Für 4 Personen

Zubereitungszeit: 25 Minuten

Pro Portion: 195 kcal, 6 g Eiweiß, 14 g Fett, 11 g Kohlenhydrate

Chinakohlcurry
mit Mandeln

1 große Zwiebel, gehackt

2 EL Öl

1 Chinakohl (ca. 1 kg),
in Streifen geschnitten

3 Knoblauchzehen, geschält

Salz

schwarzer Pfeffer aus der Mühle

2 EL Curry

**1 große Dose geschälte Tomaten
(850 g Einwaage)**

2 EL Mandelblättchen

1 EL Butter

1 Bund Koriandergrün oder
glatte Petersilie

1 Die Zwiebel schälen, mittelfein hacken und in einem großen Topf in heißem Öl glasig dünsten.

2 Inzwischen den Chinakohl längs vierteln, vom Strunk
befreien und quer in etwa 2 cm breite Streifen schneiden.
Waschen und gut abtropfen lassen.

3 Den Knoblauch schälen, durch die Knoblauchpresse
zu den Zwiebelwürfeln drücken und kurz mitdünsten.
Den Chinakohl zufügen. Zugedeckt 3 Minuten garen.

4 Das Gemüse mit Salz und Pfeffer würzen und mit dem
Curry bestäuben. Die Tomaten samt Saft zufügen und alles
im geschlossenen Topf 10 Minuten bei schwacher Hitze
garen.

5 Die Mandelblättchen in einer Pfanne in heißer Butter
unter Rühren goldgelb rösten.

6 Den Koriander oder die Petersilie abbrausen und die Blättchen abzupfen. Kurz vor dem Servieren mit den Mandelblättchen auf das Chinakohlcurry streuen.

**Beilage: Reis – am besten eine Mischung aus Langkorn-
und Wildreis**

Getränkeempfehlung: Kräuterbuttermilch

Möhrenpuffer
mit Nuss-Sahne

Möhrenpuffer

400 g Möhren, grob geraspelt

200 g Fenchelknolle,
grob geraspelt

2 Eier

3 EL Mehl

1 Bund glatte Petersilie,
fein gehackt

etwas Fenchelgrün, fein gehackt

Salz

Pfeffer aus der Mühle

1 Msp. Korianderpulver

8 EL Sonnenblumenöl

Nuss-Sahne

150 g Sahne

100 g frisch gemahlene
Haselnusskerne

Salz

schwarzer Pfeffer aus der Mühle

1/2 TL Honig

einige Tropfen Zitronensaft

1 Die Möhren waschen, eventuell die Schale dünn abschaben. Die Fenchelknolle waschen und putzen. Beide Gemüse auf der Gemüsereibe grob in eine Schüssel raspeln.

2 Eier und Mehl in einer Schüssel glatt verrühren, unter das Gemüse mischen. Petersilie und Fenchelgrün waschen, trocken schütteln, fein hacken, zum Teig geben. Mit Salz, Pfeffer und Koriander abschmecken.

3 2 EL Öl in einer beschichteten Pfanne stark erhitzen. Mit einem Esslöffel kleine Portionen Gemüseteig hineinsetzen und glatt streichen. Puffer von beiden Seiten goldgelb backen, auf Küchenpapier entfetten und bis zum Servieren warm stellen. Übrige Puffer im restlichen Öl portionsweise backen.

4 Für die Nuss-Sahne die Sahne halbsteif aufschlagen und die Nüsse unterheben. Mit Salz, Pfeffer, Honig und Zitronensaft abschmecken und zu den warmen Puffern servieren.

Beilage: Folienkartoffeln mit Sauerrahm oder kurz gebratenes Fleisch

Für 4 Personen

Zubereitungszeit: 25 Minuten

Pro Portion: 345 kcal, 4 g Eiweiß, 32 g Fett, 11 g Kohlenhydrate

Gurkengemüse mit Minze und Oliven

2 Schalotten, fein gehackt

2 EL Butter

3 Salatgurken

200 g Sahne

Salz

weißer Pfeffer aus der Mühle

2 EL Zitronensaft

1 Bund frische Minze, in Streifen gschnitten

100 g schwarze, entsteinte Oliven

1 Die Schalotten schälen, fein hacken und in einem breiten Topf in der Butter glasig dünsten.

2 Die Gurken schälen, einmal quer, dann längs halbieren. Die Kerne mit einem Löffel herausschaben und die Gurke schräg in 3 cm lange Stücke schneiden. Zu den Schalotten in den Topf geben und unter Rühren kurz anschmoren.

3 Die Sahne dazugießen, salzen, pfeffern, mit Zitronensaft würzen und zugedeckt bei schwacher Hitze 15 Minuten schmoren.

4 Inzwischen die Minze abbrausen, trocken tupfen und die Blättchen von den Stängeln zupfen und in Streifen schneiden.

5 Die Oliven 5 Minuten vor Garzeitende unter die Gurken mischen. Die Minze erst kurz vor dem Servieren einstreuen.

Beilage: Pellkartoffeln. Wird das Gurkengemüse als Beilage gereicht, ist die Menge für 8 Personen ausreichend und passt gut zu Frikadellen aus Fisch oder Putenfleisch.

Getränkeempfehlung: leichter Weißwein, z. B. Orvieto

Für 4 Personen

Zubereitungszeit: 20 Minuten

Pro Portion: 130 kcal, 2 g Eiweiß, 12 g Fett, 5 g Kohlenhydrate

Tomatengemüse mit Rucola

750 g Fleischtomaten,
gehäutet und geachtelt

3 EL Olivenöl

Salz

schwarzer Pfeffer aus der Mühle

1 EL Aceto Balsamico oder
Rotweinessig

1 Bund Rucola

1 Die Tomaten mit kochendem Wasser übergießen und kurz darin liegen lassen, dann häuten und achteln. Die Stängelansätze entfernen.

2 Das Olivenöl in einer breiten Pfanne mit hohem Rand erhitzen. Die Tomatenachtel hineingeben und bei mittlerer Hitze 8 Minuten zugedeckt dünsten.

3 Mit Salz und Pfeffer würzen und mit dem Essig gleichmäßig beträufeln.

4 Rucola abbrausen, trocken schütteln. Die dicken Stiele entfernen. Kleine Blätter ganz lassen, die größeren grob zerpflücken. Nach Ende der Kochzeit in die Tomaten streuen. Gleich servieren.

Beilage: Dazu schmeckt ein kräftiges Landbrot, Mehrkornbrötchen oder auch knuspriges Baguette.

Wenn Sie die Tomaten entkernen, grob hacken und ca. $^1/_4$ l Tomatensaft zufügen, haben Sie eine wunderbare Nudelsauce, die Sie noch mit gehackten schwarzen Oliven aufpeppen können.

Schmorgurkengemüse

1 kg Schmorgurken

100 g magerer geräucherter Speck

1 Zwiebel

20 g Butter

1 EL grobkörniger Senf

$^1/_8$ l Fleischbrühe (aus Extrakt)

1 Bund Dill

Salz

weißer Pfeffer aus der Mühle

100 g Sahne

1 Die Gurken von oben nach unten dünn schälen, dabei von jeder Gurke ein kleines Stück probieren, um sicherzustellen, dass das Gemüse nicht bitter ist.

2 Die Gurken der Länge nach halbieren und die Kerne mit einem Löffel herauslösen, die Gurkenhälften in 2 cm breite Streifen oder Rauten schneiden.

3 Den Speck ohne Schwarte in kleine Würfel schneiden. Die Zwiebel schälen und ebenfalls in Würfel schneiden. Die Butter in einem Topf erhitzen und den Speck darin anbraten. Zwiebel zugeben und glasig dünsten.

4 Nun den Senf und die Gurkenstücke hinzufügen und unter Wenden kurz anbraten. Dann die Brühe angießen und das Gemüse zugedeckt bei schwacher bis mittlerer Hitze 10–15 Minuten garen.

5 Den Dill abbrausen, die Spitzen abzupfen und fein hacken. Das Gemüse mit Salz und Pfeffer abschmecken, Sahne und Dill unterrühren.

Beilage: Bratwurst oder Kartoffelpüree oder Hacksteaks und Kartoffelkroketten

Getränkeempfehlung: Riesling aus der Pfalz oder eine Kirschsaftschorle

Für 4 Personen

Zubereitungszeit: 35 Minuten

Pro Portion: 550 kcal, 21 g Eiweiß, 45 g Fett, 8 g Kohlenhydrate

Tortilla mit Dicken Bohnen auf mallorquinische Art

300 g frische Dicke-Bohnen-Kerne

1 Bund Frühlingszwiebeln, in Scheiben geschnitten

2 Tomaten

9 EL Olivenöl

100 g Paprikawurst, in Scheiben geschnitten

2 Knoblauchzehen, gehackt

1 Bund glatte Petersilie, fein gehackt

je 1 Zweig frischer Thymian und Majoran

8 Eier

Salz

1 Bohnenkerne und Frühlingszwiebeln abbrausen und abtropfen lassen. Von den Frühlingszwiebeln die harten Röhren und die Wurzelansätze abschneiden, Zwiebeln in Scheibchen schneiden. Die Tomaten häuten, halbieren, Stielansätze herausschneiden und das Tomatenfleisch würfeln.

2 In einer Pfanne 2 EL Olivenöl erhitzen und nacheinander das Gemüse bei mittlerer Hitze insgesamt 4–5 Minuten anbraten. Die Wurst pellen und in dünne Scheiben schneiden. Den Knoblauch schälen und hacken. Die Kräuter waschen, die Blättchen hacken.

3 Wurst, Knoblauch und Kräuter unter das Gemüse mischen und 1–2 Minuten mitdünsten, beiseite stellen. Die Eier in einer Schüssel verquirlen, salzen und die Zutaten aus der Pfanne unterrühren.

4 4 EL Öl in der Pfanne erhitzen, die Eiermasse hineingeben und braten, bis sie stockt. Dabei nicht rühren, sondern mit dem Pfannenheber nur leicht lockern, damit das flüssige Ei fest werden kann. Das Omelett auf einen Deckel gleiten lassen und umgekehrt wieder in die Pfanne geben. Das restliche Öl am Rand zugießen und das Omelett fertig braten, vierteln und servieren.

Beilage: Bauernbrot

Getränkeempfehlung: roter Rioja oder eine Johannisbeersaftschorle

Für 4 Personen

Zubereitungszeit: 30 Minuten

Pro Portion: 315 kcal, 7 g Eiweiß, 28 g Fett, 8 g Kohlenhydrate

Grüner Spargel im Wok

500 g grüner Spargel

250 g Zuckerschoten

Salz

3 EL Öl

3 EL Sesam

3 EL Sojasauce

2 cl trockener Sherry (Fino)

1 Kästchen Kresse

1 Vom Spargel nur das untere Drittel schälen. Die Spargelstangen an den Enden abschneiden, kurz waschen und in 3 cm lange Stücke schneiden. Die Zuckerschoten waschen und an den Enden abknipsen.

2 Erst den Spargel für 3 Minuten in kochendes Salzwasser geben, eiskalt abschrecken und abtropfen lassen, dann mit den Zuckerschoten ebenso verfahren, aber nur 1 Minute blanchieren.

3 Das Öl in einem Wok oder einer breiten Pfanne erhitzen. Den Sesam darin goldgelb anrösten, dabei immer wieder umrühren.

4 Den Spargel und die Zuckerschoten zufügen und bei milder Hitze 5 Minuten garen. Die Sojasauce und den Sherry darüberträufeln.

5 Die Kresse unter fließendem Wasser abbrausen. Die Blättchen über dem Gemüse mit der Küchenschere abschneiden und untermischen.

Beilage: Kalbsfilet oder gegrillter Lachs

Als vegetarisches Hauptgericht für 2 Personen mit Naturreis oder neuen Kartoffeln.

Für 4 Personen

Zubereitungszeit: 25 Minuten

Pro Portion: 520 kcal, 23 g Eiweiß, 44 g Fett, 8 g Kohlenhydrate

Kohlrabi in Gorgonzola-Sauce

6 Kohlrabi (ca. 800 g),
in feine Scheiben gehobelt

Salz

1 EL Butter

250 g Sahne

300 g Sahnegorgonzola

schwarzer Pfeffer aus der Mühle

frisch geriebene **Muskatnuss**

Zitronensaft

1 Handvoll Kerbel

1 Die Kohlrabi schälen, je nach Größe halbieren und auf einem Gemüsehobel in feine Scheiben schneiden. Die Kohlrabischeiben in einen Topf mit kochendem Salzwasser geben und 3 Minuten garen. Mit einem Schaumlöffel herausnehmen und sehr gut abtropfen lassen.

2 Den Backofen auf 220°C (Umluft 190°C, Gas Stufe 3–4) vorheizen.

3 Eine feuerfeste Form einfetten und die Kohlrabischeiben dachziegelartig hineinlegen.

4 Die Sahne in einem kleinen Topf aufkochen. Den Sahnegorgonzola zufügen und unter Rühren schmelzen. Die Sauce mit Salz, Pfeffer, Muskat und Zitronensaft abschmecken.

5 Kerbel abbrausen und trocken tupfen. Die Blättchen von den Stielen zupfen und bis auf einige auf die Kohlrabischeiben streuen. Mit der Sauce übergießen und im Backofen auf der mittleren Schiene 10 Minuten goldbraun überbacken.

6 Vor dem Servieren mit den restlichen Kerbelblättchen bestreuen.

Beilage: Kalbsmedaillons oder verlorene Eier

tipp

Mit Kartoffeln oder Reis mit Sesam als vegetarisches Hauptgericht für 2 Personen.

Für 4 Personen

Zubereitungszeit: 30 Minuten

Pro Portion: 180 kcal, 6 g Eiweiß, 16 g Fett, 4 g Kohlenhydrate

Wirsing mit Sesam und Sojasprossen

1 kleiner Wirsing oder ½ Kopf (ca. 300 g), in Streifen geschnitten

250 g Champignons, in Scheiben geschnitten

3 EL Sojaöl

2 Knoblauchzehen, geschält

2 EL Sesam

150 g Sojasprossen, frisch oder aus dem Glas

Salz

schwarzer Pfeffer aus der Mühle

1 Msp. Cayennepfeffer

4 cl trockener Sherry (Fino)

3 EL Sojasauce

1 Den Wirsing von den äußeren dicken Blättern befreien, dann vierteln und dabei den Strunk herausschneiden. Die Wirsingviertel quer in 2 cm breite Streifen schneiden, waschen, abtropfen lassen.

2 Champignons kurz abbrausen, putzen und mit dem Eierschneider in feine Scheiben schneiden.

3 Das Sojaöl in einem Wok oder einer großen Pfanne mit hohem Rand erhitzen. Die Champignons darin kurz anbraten. Den Knoblauch schälen und dazudrücken. Die Wirsingstreifen untermischen. Den Sesam einstreuen.

4 Frische Sojasprossen kurz abbrausen, Sprossen aus dem Glas in einem Sieb abtropfen lassen. Unter den Wirsing mischen.

5 Das Gemüse mit Salz, Pfeffer und Cayennepfeffer würzen. Sherry und Sojasauce dazugießen und zugedeckt bei mittlerer Hitze 10 Minuten dünsten.

Beilage: Reis

Getränkeempfehlung: trockener Sherry oder ein trockener Weißwein

Üppiger wird das Gericht, wenn Sie mit den Champignons Hackfleisch anbraten, pro Person etwa 100 g.

Für 4 Personen

Zubereitungszeit: 30 Minuten

Pro Portion: 445 kcal, 14 g Eiweiß, 41 g Fett, 6 g Kohlenhydrate

Spinat mit Schafskäse und Pinienkernen

600 g Blattspinat, frisch oder tiefgekühlt

1 kleine Zwiebel, fein gehackt

2 EL Olivenöl

3 Knoblauchzehen, geschält

4 EL Pinienkerne

Salz

schwarzer Pfeffer aus der Mühle

1 TL Oregano

300 g griechischer Schafskäse

1 Den frischen Spinat waschen und die Stiele abknipsen. Tiefgekühlten aus der Packung nehmen.

2 Die Zwiebel schälen, fein hacken und in einem breiten Topf in heißem Olivenöl glasig dünsten.

3 Die Knoblauchzehen schälen und durch die Knoblauchpresse dazudrücken. Den Spinat zufügen und 10 Minuten dünsten.

4 Die Pinienkerne einstreuen. Mit Salz, Pfeffer und Oregano würzen.

5 Den Schafskäse, je nach Konsistenz, in kleine Würfel schneiden oder zwischen den Fingern zerbröckeln. Auf den Spinat streuen und bei ganz geringer Hitze 5 Minuten mitgaren.

Beilage: gegrillte Lammkoteletts

Anstelle des Spinats können Sie auch Mangold verwenden. Die Pinienkerne lassen sich durch Mandelstifte ersetzen.

Für 4 Personen

Zubereitungszeit: 20 Minuten

Pro Portion: 325 kcal, 9 g Eiweiß, 24 g Fett, 17 g Kohlenhydrate

Zuckerschoten mit Zitronensauce

600 g Zuckerschoten

Salz

1 kleine Zwiebel, fein gehackt

1 EL Butter

2 cl trockener Sherry (Fino)

200 g Crème fraîche

Saft von ½ Zitrone

weißer Pfeffer aus der Mühle

evtl. 2 Frühlingszwiebeln

1 Die Zuckerschoten waschen und an den Enden abknipsen. In kochendem Salzwasser 1 Minute blanchieren, eiskalt abschrecken und gut abtropfen lassen.

2 Die Zwiebel schälen, fein hacken und in einem breiten Topf in heißer Butter glasig dünsten. Den Sherry dazugießen und fast ganz einkochen lassen.

3 Die Crème fraîche und den Zitronensaft dazugeben und 3 Minuten köcheln lassen. Mit Salz und Pfeffer abschmecken.

4 Die Zuckerschoten in die Sauce geben und 5 Minuten darin erhitzen.

5 Nach Belieben kurz vor dem Ende der Garzeit 2 Frühlingszwiebeln, in Ringe geschnitten, unter die Zuckerschoten und Sauce mischen.

Beilage: Butterreis

Getränkeempfehlung: Schillerwein aus Württemberg oder Rosé

tipp

Wenn Sie die Zuckerschoten als Vorspeise servieren, können Sie noch 200 g Krabben untermischen. Dann reicht die Menge für 8 Personen.

Für 4 Personen

Zubereitungszeit: 25 Minuten

Pro Portion: 410 kcal, 5 g Eiweiß, 35 g Fett, 8 g Kohlenhydrate

Spitzkohl in Sherrysahne

1 kleiner Spitzkohl (600 g),
in Streifen geschnitten

4 Frühlingszwiebeln,
in Ringe geschnitten

2 EL Butter

8 cl trockener Sherry (Fino)

250 g Crème double

1 EL Worcestersauce

Salz

weißer Pfeffer aus der Mühle

2 EL Sonnenblumenkerne

1 Den Spitzkohl putzen, vierteln und den Strunk entfernen. Die Spitzkohlviertel quer in sehr schmale Streifen schneiden, waschen und sehr gut abtropfen lassen.

2 Die Frühlingszwiebeln putzen, waschen und in schmale Ringe schneiden.

3 Die Butter in einem breiten Topf erhitzen und die Frühlingszwiebeln kurz darin andünsten. Den Spitzkohl zufügen und 5 Minuten dünsten, dabei umrühren.

4 Den Sherry dazugießen und die Crème double einrühren. Mit Worcestersauce, Salz und Pfeffer würzen und zugedeckt bei mittlerer Hitze 10 Minuten dünsten.

5 Inzwischen die Sonnenblumenkerne in einer beschichteten Pfanne ohne Fett goldgelb anrösten. Das Gemüse abschmecken, falls nötig, nachwürzen und zum Schluss die Sonnenblumenkerne einstreuen.

Beilage: Kalbsfilet oder gedünsteter Schellfisch sowie Scampi

Den Sherry können Sie auch durch Weißwein oder Sekt ersetzen. Statt der Sonnenblumenkerne können Sie geschälte Kürbiskerne verwenden.

Für 4 Personen

Zubereitungszeit: 25 Minuten

Pro Portion: 380 kcal, 16 g Eiweiß, 34 g Fett, 3 g Kohlenhydrate

Gratinierter Chicorée mit Roquefort

600 g Chicorée

Salz

Saft von ½ Zitrone

250 g Roquefort

150 g Crème fraîche

schwarzer Pfeffer aus der Mühle

1 EL Butter

1 Bund Petersilie, fein gehackt

1 Chicorée waschen, längs halbieren und vorsichtig den Strunk herausschneiden, sodass die Hälften zusammenhalten.

2 Wasser in einem breiten Topf aufkochen, Salz und Zitronensaft zufügen und die Chicoréehälften darin 5 Minuten vorgaren. Herausnehmen und in einem Sieb sehr gut abtropfen lassen.

3 Den Backofen auf 200°C (Umluft 170°C, Gas Stufe 3–4) vorheizen.

4 Den Roquefort mit einer Gabel fein zerdrücken oder mit dem Stabmixer pürieren. Die Crème fraîche untermischen und mit Salz und Pfeffer würzen.

5 Eine Auflaufform einfetten, die vorgegarten Chicoréehälften hineinlegen und die Käsemischung gleichmäßig darauf verteilen. Auf der mittleren Schiene des Backofens 10 Minuten gratinieren.

6 Inzwischen die Petersilie abbrausen, trocken tupfen und fein hacken. Vor dem Servieren auf das Gratin streuen.

Beilage: Naturreis, Kartoffelpüree oder Bratkartoffeln und gemischter Salat. Als Beilage reicht das Chicoréegratin für die doppelte Personenzahl.

Getränkeempfehlung: Bier oder leichter, trockener Weißwein aus dem Rheinland

Frisch & flink:
Salate & Snacks

Für 4 Personen

Zubereitungszeit: 20 Minuten

Pro Portion: 570 kcal, 20 g Eiweiß, 50 g Fett, 1 g Kohlenhydrate

Bayerischer Wurstsalat

8 dicke Regensburger Würste,
in Scheiben geschnitten

2 mittelgroße Zwiebeln,
in dünne Ringe geschnitten

Vinaigrette

2 EL Essig

Salz

1 TL scharfer Senf

4 EL Öl

schwarzer Pfeffer aus der Mühle

2 EL Schnittlauchröllchen
zum Garnieren

1 Die Regensburger Würste häuten und in dünne Scheiben schneiden. Dann dachziegelartig in einer flachen Schüssel anrichten.

2 Die Zwiebeln schälen, in dünne Ringe schneiden und über die Wurstscheiben verteilen.

3 Für die Vinaigrette den Essig mit Salz und Senf in einer kleinen Schüssel mit einem kleinen Schneebesen so lange rühren, bis sich das Salz aufgelöst hat. Dann erst das Öl unterschlagen. Die Vinaigrette über die Wurstscheiben und Zwiebelringe gießen. Den Salat mit frisch gemahlenem Pfeffer und den Schnittlauchröllchen bestreuen. Der Salat schmeckt am besten, wenn er ein wenig durchgezogen ist.

Beilage: Laugenbrezel

Getränkeempfehlung: frisches Bier, z. B. Hefeweizen

Salat von Kidneybohnen mit roten Zwiebeln

250 g Kidneybohnen
(aus der Dose)

3 rote Zwiebeln,
in Ringe geschnitten

1 Bund Basilikum

4 Tomaten (ca. 400 g)

200 g Schafskäse, gewürfelt

100 g Azukibohnen- oder
Alfalfasprossen

Vinaigrette

Salz

1–2 EL Aceto Balsamico

1–2 EL Rotweinessig

6 EL Olivenöl

weißer Pfeffer aus der Mühle

1 Die Bohnen mit der Dosenflüssigkeit in einen Kochtopf schütten und bei mittlerer Hitze etwas erwärmen, aber keinesfalls kochen lassen.

2 Die Zwiebeln schälen und in feine Ringe, das Basilikum in feine Streifen schneiden. Die Tomaten kurz blanchieren, die Haut abziehen, halbieren und das Fruchtfleisch ohne Stängelansätze und Kerne achteln. Den Schafskäse in Würfel schneiden.

3 Die erwärmten Bohnen auf einem Sieb abtropfen lassen und mit den übrigen Salatzutaten vermischen.

4 Für die Vinaigrette alle Zutaten gründlich miteinander verquirlen und über den Salat gießen. So lange ziehen lassen, bis die Bohnen abgekühlt sind.

Beilage: Mehrkornbrot oder kräftiges Bauernbrot mit Butter

Für 4 Personen

Zubereitungszeit: 15 Minuten

Pro Portion: 285 kcal, 11 g Eiweiß, 20 g Fett, 12 g Kohlenhydrate

Mallorquinische Zwiebelhäppchen

4 mittelgroße milde Zwiebeln, in Scheiben geschnitten

4 Scheiben Toastbrot

2 EL Butter

2 EL Mayonnaise (siehe Tipp)

150 g mittelalter Gouda oder **Bergkäse,** frisch gerieben

1 Den Backofen 200 °C (Umluft 170 °C, Gas Stufe 3) vorheizen.

2 Die geschälten Zwiebeln in dünne Scheiben schneiden. Die Toastscheiben diagonal durchschneiden, mit Butter bestreichen und mit den Zwiebelringen belegen. Mit Mayonnaise bestreichen und mit dem geriebenen Käse bestreuen.

3 Die Zwiebelhäppchen auf eine feuerfeste Platte legen und im Backofen überbacken, bis der Käse goldgelb ist. Sofort servieren.

Getränkeempfehlung: Sherry

tipp

Selbst gemachte Mayonnaise schmeckt besser und kann auch leicht variiert werden. Hier das Rezept: 1 Eigelb mit wenig Salz mit dem Schneebesen cremig, nicht schaumig rühren. 200 ml Speiseöl zunächst tropfenweise zugeben und unterrühren. Erst dann neues Öl zugeben, wenn das vorhergehende untergerührt ist. Wenn kein Öl mehr aufgenommen wird, geben Sie etwas warmes Wasser oder einige Tropfen Essig hinzu. Das Öl in kleinen Portionen unterrühren, bis es aufgebraucht ist und die Mayonnaise eine feste Struktur hat. Die Mayonnaise noch einmal kräftig durchrühren und mit Salz, Pfeffer, 1 Prise Zucker und wenig Tafelsenf abschmecken.

Speckdatteln mit scharfer Sauce

1 große rote Paprikaschote, in schmale Streifen geschnitten

3 EL Olivenöl

1 Zwiebel, fein gehackt

1 TL Paprika, edelsüß

1 Prise Cayennepfeffer

2 EL Tomatenmark, Salz

schwarzer Pfeffer aus der Mühle

15 Scheiben durchwachsener geräucherter Speck (ca. 150 g)

24 Datteln, 24 Holzspießchen

1 Die Paprikaschote waschen, halbieren und vom Kernhaus befreien. Die Hälften nochmals längs teilen, dann quer in schmale Streifen schneiden.

2 Das Olivenöl in einem Topf erhitzen. Paprikastreifen und Zwiebelwürfel 5 Minuten dünsten. Paprikapulver und Cayennepfeffer unterrühren und anschwitzen. Das Tomatenmark zufügen, salzen, pfeffern und mit 1/8 l Wasser aufgießen. Zugedeckt 15 Minuten köcheln lassen.

3 Inzwischen die Speckscheiben von der Schwarte befreien und einmal quer halbieren. Die Datteln entsteinen und jede mit einer halben Speckscheibe umwickeln. Mit Holzspießchen feststecken. Eine beschichtete Pfanne erhitzen und die Speckdatteln bei mittlerer Hitze 8 – 10 Minuten knusprig braten, dabei wenden.

4 Die Paprikasauce nochmals abschmecken und so – oder im Mixer püriert – in eine kleine Schüssel füllen.

5 Die Speckdatteln auf einer Platte anrichten, eventuell auf Salatblättern, das sieht sehr frisch aus, und die Paprikasauce dazu reichen.

Die Datteln aufschlitzen.

Beilage: Landbrot oder Baguette

Getränkeempfehlung: Bier oder Rotwein, z. B. Teroldego aus dem Trentino

Speckscheibe mit Holzspieß feststecken.

tipp

Anstelle der Datteln kann man auch getrocknete Aprikosen oder Feigen nehmen. Wer es etwas schlanker haben möchte, nimmt statt des Specks mageren rohen Schinken. Die Bratzeit verkürzt sich dann.

Für 4 Personen

Zubereitungszeit: 30 Minuten

Pro Portion: 200 kcal, 5 g Eiweiß, 17 g Fett, 5 g Kohlenhydrate

Lauwarmer Spargel mit Kerbelcreme

750 g grüner Spargel

Salz

1 TL Butter

1 Prise Zucker

100 g Kerbel

5 EL Sojaöl

2 Eigelb

Saft von ¹/₂ Zitrone

weißer Pfeffer aus der Mühle

1 Msp. Cayennepfeffer

frisch geriebene **Muskatnuss**

8 Kirschtomaten

1 Das untere Drittel des Spargels schälen, dabei die Enden abschneiden. Reichlich Salzwasser mit Butter und Zucker aufkochen. Den Spargel einlegen und 15–20 Minuten darin mehr ziehen als kochen lassen, bis er knackig gar ist.

2 In der Zwischenzeit den Kerbel abbrausen und die Stiele abknipsen. Von dem Kerbel einige Blättchen beiseite legen, die restlichen zusammen mit dem Sojaöl, dem Eigelb und dem Zitronensaft in den Mixer geben und zu einer Sauce verarbeiten. Mit Salz, Pfeffer, Cayennepfeffer und Muskat dezent abschmecken.

3 Den Spargel aus dem Sud nehmen, abtropfen lassen, dann auf 4 Teller verteilen. Die Kerbelsauce als Band darübergießen. Das köstliche kleine Gericht mit den restlichen Kerbelblättchen und den Kirschtomaten garnieren.

Beilage: kleine, neue Kartöffelchen oder Toast

Getränkeempfehlung: leichter, trockener Weißwein, z. B. Orvieto oder Riesling aus Baden oder Franken

Für 4 Personen

Zubereitungszeit: 25 Minuten

Pro Portion: 400 kcal, 5 g Eiweiß, 39 g Fett, 3 g Kohlenhydrate

Avocadosalat mit Eiersauce

2 Eier, hart gekocht

2 reife Avocados

Saft von 1 Zitrone

1 TL scharfer Senf

2 EL Weißweinessig

Salz

weißer Pfeffer aus der Mühle

1 Msp. Cayennepfeffer

4 EL Distelöl

1 Kästchen Kresse

1 Die Eier in 10 Minuten hart kochen, kalt abschrecken, pellen und abkühlen lassen.

2 Inzwischen die Avocados vorsichtig schälen, dann längs halbieren und den Stein vorsichtig mit einer Messerspitze herauslösen. Die Avocadohälften sofort mit Zitronensaft beträufeln, damit sie ihre Farbe behalten.

3 Die Eier längs halbieren und die Dotter vorsichtig herauslösen. In einer Schüssel mit einer Gabel zerdrücken, den Senf untermischen. Weißweinessig, Salz, Pfeffer, Cayennepfeffer und Distelöl zufügen und gut verrühren.

4 Das Eiweiß sehr fein hacken und zufügen.

5 Die Kresse unter fließendem Wasser abbrausen und die Blättchen über der Schüssel mit einer Küchenschere abschneiden und untermischen.

6 Die Avocadohälften quer in schmale Scheiben schneiden und auf 4 Teller verteilen. Jeweils einen Klacks der Eiersauce davorsetzen.

Beilage: Toast und Butter

Getränkeempfehlung: Sekt oder Champagner

Für 4 Personen

Zubereitungszeit: 30 Minuten

Pro Portion: 655 kcal, 30 g Eiweiß, 52 g Fett, 7 g Kohlenhydrate

Hack-Mandel-Bällchen mit zwei Saucen

½ Brötchen vom Vortag

300 g gemischtes Hackfleisch

2 EL Mandeln, gemahlen

1 Ei

1 Eigelb

1 Bund Petersilie, gehackt

Salz

schwarzer Pfeffer aus der Mühle

1 TL frische Oreganoblättchen

1 Prise Kreuzkümmel

3 EL Olivenöl

Gorgonzolasauce

150 g Sahnegorgonzola

2 EL Madeira

Knoblauchsauce

150 g schwarze Oliven, entsteint

1 Knoblauchzehe

Saft von ½ Zitrone

Garnitur

2 rote Zwiebeln, gewürfelt

4 Tomaten, in Viertel geschnitten

½ Salatgurke, in Scheiben geschnitten

etwas Petersilie

1 Das Brötchen in kaltem Wasser einweichen.

2 Das Hackfleisch mit Mandeln, Ei, Eigelb, dem gut ausgedrückten Brötchen und der Hälfte der Petersilie mischen.

3 Das Ganze mit Salz, Pfeffer, Oregano und Kreuzkümmel würzen.

4 Das Öl in einer Pfanne erhitzen. Aus dem Hackfleisch mit angefeuchteten Händen walnussgroße Bällchen formen und 6 – 8 Minuten lang rundum braten. Öfter an der Pfanne rütteln, damit die Bällchen gleichmäßig bräunen.

5 Den Sahnegorgonzola mit einer Gabel gut zerdrücken, Madeira untermischen und pfeffern.

6 Oliven, Knoblauch und Zitronensaft im Mixer pürieren, salzen, pfeffern und die restliche Petersilie untermischen.

7 Zwiebeln, Tomaten und Gurke auf 4 Teller verteilen. Die Bällchen daraufgeben und die Saucen danebensetzen.

Beilage: Baguette

Getränkeempfehlung: trockener Sherry (Fino)

Für 4 Personen

Zubereitungszeit: 20 Minuten

Pro Portion: 265 kcal, 16 g Eiweiß, 21 g Fett, 1 g Kohlenhydrate

Feldsalat mit Parmesan und Bündnerfleisch

150 g Feldsalat

100 g Bündnerfleisch

Marinade

3 EL Weißweinessig

Salz

schwarzer Pfeffer aus der Mühle

5 EL Walnussöl

2 Schalotten, fein gehackt

außerdem

1 EL Sesam

50 g Parmesan am Stück

1 Den Feldsalat putzen, mehrmals waschen, da sich oft Sand zwischen den Blättern versteckt, und in einer Salatschleuder trocken schleudern.

2 Das Bündnerfleisch in schmale Streifen schneiden.

3 Den Weißweinessig mit Salz und Pfeffer verrühren, bis sich das Salz aufgelöst hat. Dann erst das Walnussöl in feinem Strahl dazufließen lassen und dabei ständig mit dem Schneebesen schlagen, bis die Sauce cremig geworden ist. Die Schalottenwürfel einstreuen.

4 Den Sesam in einer trockenen, beschichteten Pfanne goldgelb rösten, in die Salatsauce streuen. Den Feldsalat gründlich in der Sauce wenden. Das Bündnerfleisch untermischen.

5 Den Salat auf 4 Teller verteilen und den Parmesan mit dem Gurkenhobel über dem Salat in Spänen abhobeln.

Beilage: getoastetes Bauernbrot und Butter

Getränkeempfehlung: Apfelcidre, herb

Schnelles aus der Mikrowelle

Für 2 Personen

Zubereitungszeit: 25 Minuten

Pro Portion: 405 kcal, 9 g Eiweiß, 38 g Fett, 6 g Kohlenhydrate

Blattspinat mit Knoblauch und Zitrone

750 g frische, junge **Spinatblätter**

2 Knoblauchzehen, fein gewürfelt

1 kleine Zwiebel, fein gewürfelt

5 EL Olivenöl

Salz

schwarzer Pfeffer aus der Mühle

Saft von ½ Zitrone

1 Den Spinat verlesen, gründlich waschen und in einem Sieb gut abtropfen lassen. Die Spinatblätter in ein feuchtes Tuch einhüllen und für 3 – 4 Minuten bei 600 Watt in das Mikrowellengerät geben.

2 Die Knoblauchzehen und die Zwiebel schälen und in kleine Würfel schneiden. In eine ausreichend große Mikrowellenform geben, mit dem Öl begießen und in 2 Minuten bei 600 Watt glasig dünsten.

3 Die zusammengefallenen Spinatblätter dazugeben, mit Salz und Pfeffer würzen und gründlich vermischen. Zugedeckt 3 – 4 Minuten bei 600 Watt fertig garen.

4 Das Gemüse mit Zitronensaft beträufeln und noch 2 – 3 Minuten durchziehen lassen.

Beilage: kurz gebratenes Fleisch oder Spiegeleier

Dieses Spinatgericht eignet sich abgekühlt auch als Vorspeise.

Für 2 Personen

Zubereitungszeit: 30 Minuten

Pro Portion: 525 kcal, 11 g Eiweiß, 31 g Fett, 43 g Kohlenhydrate

Artischocken mit Paprika

6 junge, kleine Artischocken

Saft von 1 Zitrone

je 1 gelbe und rote Paprikaschote, fein gewürfelt

2 Knoblauchzehen, fein gehackt

1 Schalotte, fein gehackt

4 EL Olivenöl

Salz

schwarzer Pfeffer aus der Mühle

6 EL Weißwein

1 EL frisch gehackte Petersilie

1 Von den Artischocken die äußeren harten Blattspitzen und die Stängelansätze abschneiden. Die Artischocken waschen, in Viertel schneiden und mit Zitronensaft beträufeln.

2 Die Paprikaschoten waschen, halbieren und die Stängelansätze sowie Samenkerne entfernen. Die Schotenhälften in kleine Würfel schneiden. Knoblauch und Schalotte schälen und fein hacken.

3 Paprika-, Knoblauch- und Schalottenwürfel in eine Mikrowellenform geben, mit Öl begießen und 4–5 Minuten bei 600 Watt braten. Die Artischockenviertel dazugeben, salzen und pfeffern und mit Wein aufgießen. Zugedeckt in 8–10 Minuten bei 600 Watt fertig garen, dabei einmal umrühren.

4 Das Gemüse kurz ruhen lassen und mit Petersilie bestreut servieren.

Beilage: kurz gebratenes Fleisch

Für 2 Personen

Zubereitungszeit: 30 Minuten

Pro Portion: 515 kcal, 6 g Eiweiß, 45 g Fett, 13 g Kohlenhydrate

Grüne Bohnen mit gerösteten Nüssen

250 g junge grüne Bohnen

50 g Haselnusskerne, grob gehackt

2 Schalotten, fein gewürfelt

4 EL Olivenöl

1 Zweig Bohnenkraut

1 Zweig Thymian

Salz

schwarzer Pfeffer aus der Mühle

6 EL Weißwein

1 Die Bohnen an den Enden abschneiden, entfädeln, falls nötig, und waschen.

2 Die Nüsse auf einem Teller in das Mikrowellengerät stellen und in 4 – 5 Minuten bei 600 Watt rösten, dabei gelegentlich umrühren. Etwas abkühlen lassen, dann die braune Schalenhaut abreiben und die Nüsse grob hacken.

3 Die Schalotten schälen und in kleine Würfel schneiden. Mit dem Öl in eine große Mikrowellenform geben und 2 Minuten bei 600 Watt glasig dünsten. Die gut abgetropften Bohnen sowie die Kräuter dazugeben und mit Salz und Pfeffer würzen. Mit Wein begießen und zugedeckt 8 –10 Minuten bei 600 Watt garen, dabei gelegentlich umrühren.

4 Die Kräuter entfernen und das Gemüse kurz noch nachgaren lassen. Mit den Nüssen bestreuen.

Beilage: Lammkotelett

tipp

Wenn Sie die besonders kleinen, zarten Keniabohnen verwenden, verkürzt sich die Garzeit.

Für 4 Personen

Zubereitungszeit: 25 Minuten

Pro Portion: 220 kcal, 10 g Eiweiß, 17 g Fett, 3 g Kohlenhydrate

Chicorée in Käse-Kräuter-Creme

4 Chicorée (à 125 g)

20 g Butter

1 Prise Zucker

5 EL Weißwein

4 EL Crème fraîche

2 EL gehackte Kräuter
(z. B. Basilikum, Petersilie,
Estragon, Thymian)

50 g frisch geriebener **Parmesan**

50 g frisch geriebener **Emmentaler**

weißer Pfeffer aus der Mühle

1 Die Chicoréestauden waschen, halbieren und, falls nötig, den leicht bitteren Kern herausschneiden.

2 Eine flache, mikrowellengeeignete Auflaufform mit Butter ausstreichen, mit Zucker bestreuen und die Chicorée-hälften mit der Schnittfläche nach unten hineinlegen. Salzen, mit Wein begießen und zugedeckt 5 Minuten bei 600 Watt vorgaren.

3 In der Zwischenzeit die Crème fraîche mit den Kräutern und den Käsesorten verrühren, mit Salz und Pfeffer abschmecken und die Masse über das Gemüse verteilen.

4 Den Backofen eines Kombi-Gerätes auf 250°C schalten und das Gemüse auf der mittleren Schiene 8–10 Minuten bei 600 Watt und zugeschaltetem Backofen überbacken.

Beilage: Steaks oder solo als kleine Mahlzeit

Fenchelgemüse in Pernod-Sahne

2 mittelgroße Fenchelknollen

125 g Sahne

2 cl Pernod

Salz

schwarzer Pfeffer aus der Mühle

1 Prise Cayennepfeffer

30 g Butter

1 Fenchelknollen waschen, fleckige Stellen entfernen und die Knollen halbieren. Die grünen Blätter abschneiden und beiseite legen. Das Gemüse in $1/2$ cm breite Streifen schneiden.

2 Das Gemüse in eine Mikrowellenform geben, es darf nicht zu hoch übereinander liegen. Mit Sahne und Pernod begießen, mit Salz, Pfeffer und Cayennepfeffer würzen und vermischen. In 8 – 10 Minuten bei 600 Watt offen garen lassen, dabei gelegentlich umrühren.

3 Nach Ende der Garzeit die Butter in kleinen Flöckchen hinzufügen und noch einmal 2 Minuten bei 600 Watt erhitzen. In dieser Zeit das Fenchelgrün fein hacken und das Gemüse damit bestreuen.

Beilage: frisches Baguette oder knusprig geröstetes Fladenbrot, Kalbsbraten

Durch das Garen in Sahne wird der intensive Anisgeschmack des Fenchels etwas gemildert.

Für 4 Personen

Zubereitungszeit: 30 Minuten

Pro Portion: 485 kcal, 6 g Eiweiß, 38 g Fett, 29 g Kohlenhydrate

Sahniges Kartoffelgemüse

800 g mehlig kochende Kartoffeln, gewürfelt

1 Zwiebel, gewürfelt

1 Knoblauchzehe, gewürfelt

30 g Butter

Salz

weißer Pfeffer aus der Mühle

geriebene **Muskatnuss**

400 g Sahne

einige **Kerbelblätter**

1 Die Kartoffeln schälen, waschen und in etwa 1 cm große Würfel schneiden. Zwiebel und Knoblauchzehe schälen, in kleine Würfel schneiden und mit der Butter in eine Mikrowellenform geben. In 2 – 3 Minuten bei 600 Watt glasig dünsten.

2 Die Kartoffelwürfel dazugeben, mit Salz, Pfeffer und Muskat würzen und mit der Sahne begießen. Zugedeckt 15 – 18 Minuten bei 600 Watt garen. Nach 5 Minuten den Deckel abnehmen, einmal umrühren und offen fertig garen.

3 Das Kartoffelgemüse mit abgezupften Kerbelblättchen bestreuen und noch einige Minuten ruhen lassen.

Beilage: Tomatensalat, Frikadelle oder Bratwurst

Die Kartoffelstückchen sollten ungefähr gleich groß sein, damit sie gleichmäßig gar werden. Nach dem Umrühren das erneute Starten der Mikrowelle nicht vergessen.

Für 4 Personen

Zubereitungszeit: 30 Minuten

Pro Portion: 140 kcal, 4 g Eiweiß, 9 g Fett, 8 g Kohlenhydrate

Kohlrabigemüse mit zarten Erbsen

3 junge Kohlrabi mit Blättern, in Streifen geschnitten

1 kleine Zwiebel, gewürfelt

40 g Butter

5 EL Weißwein

Salz

weißer Pfeffer aus der Mühle

150 g frische, enthülste Erbsen

1 EL gehackte **Petersilie**

1 Von den Kohlrabi die Blätter entfernen, die inneren zarten Blätter aufbewahren. Die Knollen schälen, in schmale Scheiben, dann in Streifen schneiden.

2 Die Zwiebelwürfel mit 20 g Butter in eine Mikrowellenform geben und offen 2 Minuten bei 600 Watt glasig dünsten. Die Kohlrabistreifen dazugeben und mit Wein begießen. Salzen und pfeffern und zugedeckt 6 – 8 Minuten bei 600 Watt garen, dabei einmal umrühren.

3 Die Erbsen hinzufügen und zugedeckt in weiteren 3 – 4 Minuten bei 600 Watt fertig garen.

4 Das Kohlrabigrün vorsichtig feinstreifig schneiden und mit der restlichen Butter und der fein gehackten Petersilie unter das Gemüse mischen.

Beilage: Bandnudeln, Toast, Hack- oder Kalbsbraten

tipp

Man kann die frischen Erbsen auch durch tiefgekühlte ersetzen und das Gemüse anstelle von Butter mit Crème fraîche verfeinern.

Für 4 Personen

Zubereitungszeit: 25 Minuten

Pro Portion: 275 kcal, 4 g Eiweiß, 27 g Fett, 4 g Kohlenhydrate

Porreegemüse mit Speck

2 große Stangen Porree (ca. 500 g), in Scheiben geschnitten

80 g durchwachsener geräucherter Speck, gewürfelt

1 EL Öl

Salz

weißer Pfeffer aus der Mühle

1 Msp. gekörnte Brühe

geriebene **Muskatnuss**

125 g Sahne

1 EL Zitronensaft

1 Von den Porreestangen die Wurzel entfernen und die grünen Enden bis auf ein kurzes Stück abschneiden. Die Stangen der Länge nach halbieren, gründlich waschen und in 1/2 cm dicke Scheiben schneiden.

2 Den Speck in kleine Würfel schneiden, mit dem Öl in eine große Mikrowellenform geben und in 3 – 4 Minuten bei 600 Watt offen glasig braten.

3 Das Gemüse dazugeben, es darf nicht zu hoch übereinander liegen, und mit Salz, Pfeffer, gekörnter Brühe und Muskat würzen. Mit Sahne begießen, gründlich vermischen und zugedeckt 8 – 10 Minuten bei 600 Watt garen lassen, dabei nach 5 Minuten den Deckel abnehmen, umrühren und offen fertig garen. Mit dem Zitronensaft abschmecken.

Beilage: Salzkartoffeln, Nudeln, Bratwurst oder gekochtes Rindfleisch

Getränkeempfehlung: Federweißer oder eine Buttermilch, gemischt mit der gleichen Menge Schwarzer Johannisbeersaft.

Für 4 Personen

Zubereitungszeit: 30 Minuten

Pro Portion: 265 kcal, 6 g Eiweiß, 23 g Fett, 8 g Kohlenhydrate

Zucchinigemüse mit Tomaten

2 Zucchini (ca. 250 g), in Scheiben geschnitten

200 g Champignons, in Scheiben geschnitten

2 Fleischtomaten

2 Schalotten, fein gehackt

1 EL Öl

20 g Butter

1 Zweig Thymian

Salz

schwarzer Pfeffer aus der Mühle

$\frac{1}{2}$ TL Paprikapulver, edelsüß

2 EL Crème fraîche

2 EL Petersilie, fein gehackt

1 Die Zucchini waschen und an den Enden abschneiden. Die Pilze putzen. Beides in dünne Scheiben schneiden.

2 Die Fleischtomaten kreuzweise einritzen und tropfnass 2 – 3 Minuten bei 600 Watt zugedeckt in die Mikrowelle geben. Dann kalt abbrausen, häuten und ohne Stängelansätze und Kerne in kleine Würfel schneiden. Die Schalotten schälen und fein hacken.

3 Öl und Butter mit den Schalotten in eine Mikrowellenform geben und in 2 Minuten bei 600 Watt glasig dünsten.

4 Zucchini und Champignons dazugeben, mit den abgezupften Thymianblättchen bestreuen und mit Salz, Pfeffer und Paprika würzen. Die Crème fraîche unterrühren und zugedeckt 4 Minuten bei 600 Watt garen lassen.

5 Die Tomatenwürfel dazugeben, umrühren und das Gemüse in weiteren 4 – 5 Minuten bei 600 Watt offen fertig garen.

6 Das Gemüse mit Petersilie bestreuen und vor dem Servieren noch kurz ruhen lassen.

Beilage: Bauernbrot mit Butter, Frikadelle oder kurz gebratenes Fleisch

Getränkeempfehlung: Ein Mix aus $\frac{1}{8}$ l kalter Milch, $\frac{1}{8}$ l Orangensaft und 2 TL Haselnuss- oder Mandelpaste (aus dem Reformhaus oder Bioladen) pro Glas

Für 2 Personen

Zubereitungszeit: 25 Minuten

Pro Portion: 305 kcal, 4 g Eiweiß, 28 g Fett, 9 g Kohlenhydrate

Möhrencremesuppe mit Pinienkernen

1 Schalotte, gewürfelt

250 g junge Möhren, geraspelt

20 g Butter oder Margarine

Salz

weißer Pfeffer aus der Mühle

3/4 l (375 ml) Hühnerbrühe
(selbst gemacht oder aus Extrakt)

1 EL Pinienkerne

100 g Sahne

2 Kerbelzweige

1 Die Schalotte schälen und in Würfel schneiden. Die Möhren waschen, schaben und auf der groben Seite der Rohkostreibe raspeln.

2 Die Schalottenwürfel mit dem Fett in eine Mikrowellenform geben und in 2 – 3 Minuten bei 600 Watt glasig braten.

3 Die Möhren hinzufügen, salzen und pfeffern und mit der Brühe begießen. Zugedeckt 8 – 10 Minuten bei 600 Watt kochen lassen.

4 Währenddessen die Pinienkerne in einer beschichteten Pfanne trocken goldbraun rösten.

5 Die Suppe im Mixer oder mit einem Stabmixer fein pürieren, dann durch ein Sieb streichen. Die Sahne dazugießen, noch einmal 2 – 3 Minuten bei 600 Watt erhitzen, mit einem Stabmixer anschließend kurz schaumig schlagen.

6 Die Suppe auf tiefe Teller verteilen und mit den Pinienkernen sowie den abgezupften Kerbelblättchen bestreut servieren.

Beilage: helles Mischbrot, in ca. 3 cm große Würfel geschnitten und in der Pfanne oder im Ofen geröstet

Kuchen & Desserts

Für 4 Personen

Zubereitungszeit: 25 Minuten

Pro Portion: 400 kcal, 7 g Eiweiß, 21 g Fett, 39 g Kohlenhydrate

Gratin von frischen Pflaumen

600 g reife Pflaumen oder Zwetschgen, entsteint

Butter für die Form

4 cl Zwetschgenschnaps

1 TL Zimt, gemahlen

3 Eier, getrennt

5 EL Zucker

1 EL Stärkemehl

150 g Crème fraîche

1 Die Pflaumen waschen, halbieren und entsteinen.

2 Eine feuerfeste Form einfetten und die Pflaumen dachziegelartig hineinlegen. Mit dem Zwetschgenschnaps beträufeln und mit dem Zimt bestreuen.

3 Den Backofen auf 250°C (Umluft 200°C, Gas Stufe 4–5) vorheizen.

4 Die Eigelbe mit dem Zucker in eine Schüssel geben und mit dem Schneebesen zu einer hellgelben, cremigen Masse rühren. Das Stärkemehl untermischen.

5 Die Eiweiße zu sehr steifem Schnee schlagen. Zuerst die Crème fraîche, dann den Eischnee unter die Eigelbcreme mischen. Die Masse gleichmäßig über die Pflaumen verteilen.

6 Auf der mittleren Schiene in 15 Minuten goldgelb überbacken.

Die Fruchthälften in eine feuerfeste Form schichten.

Die Gratiniermasse gleichmäßig über den Pflaumen verteilen.

tipp

Anstelle der Pflaumen können Sie Beeren, Äpfel, Birnen, Pfirsiche, Aprikosen oder Nektarinen verwenden. Unter die Gratiniermasse können Sie fein gemahlene Haselnüsse oder Mandeln mischen.

Für 4 Personen

Zubereitungszeit: 30 Minuten

Pro Portion: 225 kcal, 4 g Eiweiß, 9 g Fett, 32 g Kohlenhydrate

Rhabarber-Gratin mit Pinienkernen

600 g Rhabarber,
in Stücke geschnitten

5 EL Zucker

1 EL Vanillezucker

50 g Pinienkerne

2 Eiweiß

2 EL Puderzucker

Fett für die Form

1 Den Rhabarber, falls nötig, von den Blättern befreien und die Haut mit einem Messer abziehen. Die Rhabarberstangen in etwa 8–10 cm lange Stücke schneiden und auf eine Platte legen. Das Obst mit Zucker und Vanillezucker bestreuen und zugedeckt ziehen lassen.

2 Den Backofen auf 200°C (Umluft 170°C, Gas Stufe 3–4) vorheizen.

3 Die Pinienkerne, bis auf einen Esslöffel, fein mahlen. Die Eiweiße mit dem Puderzucker sehr steif schlagen. Die gemahlenen Pinienkerne untermischen.

4 Die Rhabarberstücke in eine eingefettete Gratinform oder in 4 Portionsförmchen legen. Den Pinienkern-Eischnee gleichmäßig darauf verteilen und mit den restlichen Pinienkernen bestreuen.

5 Auf der mittleren Schiene des Backofens in 15 Minuten goldgelb überbacken und sofort servieren.

Auch Bananen können auf diese Weise zubereitet werden. Sie schmecken besonders gut, wenn unter den Eischnee Kokosflocken gemischt werden.

Schokoladeneis mit Vanille-Baiser

3 Vanilleschoten

3 Eiweiß

3 EL Puderzucker

4 Portionen Schokoladeneis

4 TL Mandelblättchen

1 Vanilleschoten längs aufschlitzen und das Mark mit einem Messer herauskratzen.

2 Den Backofen auf 250°C (Umluft 220°C, Gas Stufe 4–5) vorheizen oder den Grill einschalten.

3 Die Eiweiße zu sehr steifem Schnee schlagen, dabei den Puderzucker dazurieseln lassen und das Vanillemark untermischen.

4 Das stark gefrorene Eis mit einem in heißes Wasser getauchten Messer in Scheiben schneiden und auf 4 feuerfeste Teller legen.

5 Den Eischnee wolkenartig darauf verteilen und mit den Mandelblättchen bestreuen.

6 Im vorgeheizten Backofen oder unter dem Grill kurz überbacken, bis die Oberfläche goldbraun ist, und sofort servieren.

Sie können jede beliebige Eissorte verwenden. Gut schmeckt es auch, wenn Sie Kokosflocken oder gemahlene Nüsse unter den Eischnee mischen.

Für 4 Personen

Zubereitungszeit: 15 Minuten, Kühlzeit: 15 Minuten

Pro Portion: 615 kcal, 17 g Eiweiß, 41 g Fett, 37 g Kohlenhydrate

Blitz-Tiramisu

500 g Mascarpone

Saft von 1 Zitrone

5 EL Zucker

16 Löffelbiskuits

$1/8$ l starker Espresso

6 cl Weinbrand oder Cognac

3 EL Kakaopulver

1 Den Mascarpone mit dem Zitronensaft und dem Zucker in einer Schüssel cremig aufschlagen.

2 Die Hälfte der Löffelbiskuits in eine Form legen. Mit der Hälfte des Espressos und des Weinbrands beträufeln. Die Hälfte der Creme darauf verteilen und glatt streichen.

3 Die restlichen Löffelbiskuits auf die Cremeschicht legen. Espresso und Weinbrand darüberträufeln und mit der übrigen Mascarponecreme bedecken. Glatt streichen und im Kühlschrank 15 Minuten ziehen lassen.

4 Das Kakaopulver in ein kleines Sieb geben und die Oberfläche vor dem Servieren dick damit bestreuen.

tipp

Unter die Mascarponecreme können Sie noch 250 g pürierte, durch ein Sieb gestrichene Himbeeren mischen. Das ist sehr erfrischend.

Mascarpone-Zitronen-Creme

3 Zitronen, davon 1 unbehandelt

2 Eigelb

8 EL Zucker

500 g Mascarpone

1 Die unbehandelte Zitrone unter fließendem heißem Wasser gut abbürsten und die Schale mit einem Zestenreißer entfernen oder die Zitrone dünn schälen und die Schale in ganz feine Streifen schneiden.

2 Diese Zitrone und eine weitere auspressen, die dritte in dünne Scheiben schneiden. Zum Garnieren vier Scheiben beiseite legen, die anderen von der Schale befreien und das Fruchtfleisch klein schneiden.

3 Eigelb in einer Schüssel mit dem Zucker zu einer hellgelben, dicken Creme rühren. Den Mascarpone dabei esslöffelweise zufügen.

4 Den Zitronensaft in die Creme gießen, sie soll eine geschmeidige Konsistenz haben. Zum Schluss das Fruchtfleisch und ein Drittel der Zitronenzesten untermischen.

5 Die Creme in Dessertschalen füllen. Mit den restlichen Zitronenzesten bestreuen und die Zitronenscheiben an den Rand der Schalen legen. Nach Belieben garnieren.

Die Schale von einer Zitrone mit einem Zestenreißer entfernen.

Eine Zitrone in Scheiben schneiden. Von einem Teil der Scheiben die Schale entfernen und das Fruchtfleisch klein schneiden.

Eigelbe und Zucker cremig rühren. Den Mascarpone löffelweise zufügen.

Zitronensaft unter die geschmeidige Creme mischen.

Frische Feigen mit Sherryschaum

2 Eigelb

5 EL Zucker

Saft von ¹/₂ Zitrone

0,2 l Cream Sherry

8 frische **Feigen**

frische Minze zum Garnieren

1 Die Eigelbe mit dem Zucker in einer Metallschüssel zu einer cremigen, hellgelben Masse aufschlagen.

2 Die Schüssel in ein leicht siedendes Wasserbad stellen. Weiterschlagen und dabei den Zitronensaft und den Sherry dazu fließen lassen. Ständig weiter schlagen, bis eine dickschaumige Sauce entstanden ist. Dabei darauf achten, dass das Wasserbad nicht zu heiß wird, da das Eigelb sonst gerinnt.

3 Die Feigen mit Küchenkrepp abreiben und mit einem Messer längs halbieren.

4 Den Sherryschaum auf 4 Teller gießen. Jeweils 4 Feigen-hälften in die Mitte setzen. Die Feigenhälften mit Minze-blättchen garnieren und sofort servieren.

tipp

Die Sauce können Sie anstelle von Sherry auch mit Rotwein zubereiten.

Erdbeertorte mit Mascarpone

1 Schoko-Biskuit-Tortenboden (Fertigprodukt)

500 g Mascarpone

3 EL Zucker

1 Bund Pfefferminze

500 g frische **Erdbeeren**

Puderzucker zum Bestäuben

1 Den Tortenboden auf eine runde Kuchenplatte legen.

2 Den Mascarpone mit dem Zucker in einer Schüssel cremig rühren.

3 Die Pfefferminze abbrausen und trocken schütteln. Die Blättchen von den Stängeln zupfen, in Streifen schneiden und unter die Mascarponecreme mischen.

4 Danach die Creme auf den Tortenboden streichen.

5 Die Erdbeeren waschen, Blütenansätze abzupfen, die Früchte eventuell halbieren und auf die Creme legen oder die Erdbeeren ganz lassen und mit den Spitzen nach oben auf die Torte setzen.

6 Mit Puderzucker bestäuben und gleich oder gekühlt servieren.

Die Erdbeertorte ist auch als erfrischendes Dessert zu empfehlen. Unter die Mascarponecreme gemahlene Mandeln und Eierlikör mischen, für Kinder frisch gepressten Fruchtsaft nehmen.

Für 5 Stück

Zubereitungszeit: 20 Minuten

Pro Stück: 290 kcal, 6 g Eiweiß, 17 g Fett, 27 g Kohlenhydrate

Mini-Brioches mit Nougat-Mandel-Füllung

Fett für das Backblech

200 g französische Brioches (gekühlter Frischteig)

4 EL Nuss-Nougat-Creme (Fertigprodukt)

1 EL Crème fraîche

3 EL gehackte **Mandeln**

1 Eigelb

1 Den Backofen auf 200°C (Umluft 170°C, Gas Stufe 3 – 4) vorheizen.

2 Ein Backblech einfetten. Die Brioches nebeneinander daraufsetzen. Die kleinen Deckelchen in der Mitte entfernen und neben die Brioches auf das Blech legen. Mit dem Daumen eine Vertiefung in die Mitte der Brioches drücken.

3 Die Nuss-Nougat-Creme mit der Crème fraîche und den gehackten Mandeln verrühren und die Brioches damit füllen. Die Deckelchen wieder draufsetzen.

4 Das Eigelb verquirlen und die gefüllten Brioches damit bestreichen. Auf der mittleren Schiene 12 – 14 Minuten backen. Die Brioches schmecken noch lauwarm am besten. Ein feines Gebäck zum Sonntagsbrunch.

tipp

Anstelle der Nuss-Nougat-Creme können Sie auch Mandelcreme, Sesamcreme (Reformhaus) oder Marzipan verwenden.

Alphabetisches Rezeptverzeichnis

Die besten Rezepte – mehrfach erprobt

Je Buch: 264 Seiten
durchgehend
farbige Rezeptfotos
laminierter Pappband

Willkommen zu Hause

Das Beste aus dem Ofen
Aufläufe, Gratins, Braten, Pizzas und Co.

Bassermann

ISBN 978-3-8094-2566-3

Bassermann

ISBN 978-3-8094-2567-0

ISBN 978-3-8094-2568-7

Impressum

© 2010 by Bassermann Verlag, einem Unternehmen der Verlagsgruppe Random House GmbH, 81673 München

Die Verwertung der Texte und Bilder, auch auszugsweise, ist ohne Zustimmung des Verlags urheberrechtswidrig und strafbar. Dies gilt auch für Vervielfältigungen, Übersetzungen, Mikroverfilmung und für die Verarbeitung mit elektronischen Systemen.

Umschlaggestaltung: Atelier Versen, Bad Aibling
Layout: Studio Schübel Werbeagentur GmbH, München
Bildredaktion: Elisabeth Franz
Rezeptfotos: Karl Newedel, München
außer: Falken Verlag 112, 143 (Kopp); Mosaik Verlag 6, 23, 25, 27, 32, 33, 34, 35, 36, 41, 43, 45, 47, 49, 51, 53, 55, 58, 61, 63. 69, 71, 73, 75, 77, 78, 79, 80, 83, 85, 91. 93, 94, 95, 97, 99, 101, 103, 109, 111, 115, 121, 124, 125, 127, 128, 129, 131, 133, 137, 144, 147, 151, 159, 163, 166, 169, 173, 175, 179, 183, 187, 189, 195, 197, 215, 240, 241, 243, 247, 248, 249, 253, 255 (Brauner); 29, 89 (Eising); 65 (Kerth); 67, 87, 181, 213 (Seiffe); 17 (Stüssel u. Schmitz); 39, 223, 227, 229, 231 (Teubner)
Redaktion: Anja Halveland
Herstellung: Elke Cramer

Die Ratschläge in diesem Buch sind von den Autoren und vom Verlag sorgfältig erwogen und geprüft, dennoch kann eine Garantie nicht übernommen werden. Eine Haftung der Autoren bzw. des Verlags und seiner Beauftragten für Personen-, Sach- und Vermögensschäden ist ausgeschlossen.

Satz: Filmsatz Schröter, München · Nadine Thiel | kreativsatz
Reproduktion: Artilitho, Lavis (Trento)
Druck: Mohn Media Mohndruck GmbH, Gütersloh

Printed in Germany

FSC
Mix
Produktgruppe aus vorbildlich
bewirtschafteten Wäldern und
anderen kontrollierten Herkünften
Zert.-Nr. SGS-COC-1425
www.fsc.org
© 1996 Forest Stewardship Council

Verlagsgruppe Random House FSC-DEU-0100
Das für diesen Titel verwendete FSC-zertifizierte Papier *Profimatt* wurde produziert von Sappi Ehingen und geliefert durch die IGEPA.

817 2635 4453 6271